青少年探索文库
QingShaoNianTanSuoWenKu

名人轶事录

曾 煜 编

吉林人民出版社

图书在版编目（CIP）数据

名人轶事录 / 曾煜编. — 长春：吉林人民出版社，2010.10（2021.3重印）
（青少年探索文库）
ISBN 978-7-206-07060-0

Ⅰ.①名… Ⅱ.①曾… Ⅲ.①名人—生平事迹—中国—近代—青少年读物②名人—生平事迹—中国—现代—青少年读物 Ⅳ.①K82-49

中国版本图书馆CIP数据核字(2010)第192079号

名人轶事录

编　　者：曾　煜
责任编辑：赵梁爽
吉林人民出版社出版（长春市人民大街 7548 号　邮政编码：130022）
印　刷：三河市燕春印务有限公司
开　本：700mm×970mm　　1/16
印　张：13　　字数：110 千字
标准书号：ISBN 978-7-206-07060-0
版　次：2010 年 10 月第 1 版　　印　次：2021 年 3 月第 2 次印刷
定　价：39.00 元

目　录

谈龚定庵

周黎庵

我对于清代人物常想谈谈，尤其是袁子才，郑板桥，李笠翁，汪容甫，金圣叹，龚定庵这几个有骨气的文人。子才和板桥，已经在《论语》上谈过，关于汪容甫的材料搜集不多，金圣叹却不便谈起，谈起金圣叹，总不免谈起他的死，或许会说起他临死的几句话的幽默，我不信受了委屈到“杀头至痛也”的地步还有闲情说笑话，则其说笑话或是幽默实是要免去狱吏罗织自己家族而已。我以为圣叹临命说笑话比破口大骂还要可哀，那真太可叹息；现在因为还乡，身边只有一部《定庵文集》，其余的书都扔在海上，因而有机缘重看一遍，所以还是先谈谈定庵吧。

定庵为人，最好以怪诞不羁，玩世不恭画之，我在很小的时候便知道清代文人中有龚定庵其人，大概从晚清笔记中所见为多，定庵为人是幽默的，全不是我们日常所见道学派中人；他思想以自我为宗，不榜依门户。有清中叶，桐城方姚滥调统制全国文坛，定庵所为诗文，独廉悍伟丽，不立宗派，思想尤渊渊入微；平生治学颇杂，著作亦伙，然多已人间不传，今日坊间所通行者，如世界的《国学名著》，商务刊行国学扶轮社出版的《龚定庵全集》，皆据程勖赵惠甫江建霞诸氏的评校本，算不得定庵的全集，定庵的全集有二十四卷，他的好友魏源(默深）手辑，今已不可见，龚子孝珙手抄本，亦颇完全，有人曾于西湖畔尼庵见过，尼盖孝珙之妾也。世界及国学扶轮社的《定庵全集》并不好，将定庵之所谓经济文章都刊在里面，在刊者以为堂皇，而我辈正厌其头痛，大概定庵最好的几篇文章，要算游记杂说。其小品可观，大品文章失之太涩，没有什么好处。定庵的思想。最好要从这类小品中去看他，如《说京师翠微山》云：

昔者余游苏州之邓尉山，有四松矣，形偃神正，白昼若雷雨，四松之蔽可千亩，平生至是见八松矣，邓尉之松放，翠微之松肃，邓尉之松古之逸，翠微之松古之直。邓尉之松，殆不知天地为何物；翠微之松，天地间不可无是松也。

我读定庵奇文，大概要推此为第一，其好处却正苦说不出；然读之无有不好之者。定庵是天才，为文神采飞舞，不苟绳墨，桐城滥调，当然不足牢笼，即士大夫晋身之阶的“八股”，又何尝愿意干过来！故定庵累试不就，有感而作《病梅馆记》。及既捷春官，殿试时又不得入翰林，但当时定庵的殿试文章确做得极好，题目是《安边绥远疏》，时张格尔甫平，方议新疆善后问题，定庵胪举时事，洋洋洒洒千余言，直言无隐，阅卷大臣皆大惊，卒以楷法不中程，屈列三甲十九名；故事，不由翰林起家者升迁迟滞，定庵愤而作《干禄新书》（此书已不传只存一序），这是天才对于压迫的呼号，如《病梅馆记》云：

或曰：梅以曲为美，直则无姿，以欹为美，正则无景，梅以疏为美。密则无态，固也。此文人画士，心知其意，未可明诏大号，以绳天下之梅也。又不可使天下之民，斫直，删密，锄正，以殀梅病梅为业以求钱也。梅之欹之疏之曲，又非蠢蠢求钱之民，能以其智力为也。有以文人画士孤僻之隐，明告鬻梅者，斫其正，养其旁条，删其密，夭其稚枝，锄其直，遏其生气，以求重价，而江浙之梅皆病，文人画士之祸之烈至此哉！

我在学校时，受不喜欢的功课压迫，每至苦极，读此文时不觉潸然泪下，乃知定庵之言，非言梅，实言其自己当时受制义楷法压迫之苦，由衷而发，观梅而有感于中也。

关于定庵的科第，是颇有趣的，定庵既以楷法不中程不得入翰林，乃恨翰林刺骨，令家中妇女悉习书法，凡有人道及翰林；必愤然对曰："今日之翰林，犹足道耶？我家妇女，无一不可入翰林者。"其叔龚文恭公为礼部尚书，有门生求见，盖新入翰林者，定庵避入耳房。文恭询作何事，门生以写白折子对，文恭称善，复告之曰：凡考差字迹宜端秀，墨迹宜浓厚，点画宜平正，则考时未有不入壳者。定庵忽鼓掌大笑而出曰："翰林学问，原来如是。"于是遂与其叔绝往来。作《干禄新书》以刺之，书至今已不传，唯一序尚存。其实欲书法中程也是一件难事，人各有其天性，强之学柳学颜如何要得来？昔王世贞有云："吾目有神，吾腕有鬼。"袁子才礼亲王（名昭梿，啸亭杂录作者，此公在清代为宗室中第一博雅人物），皆有此感，今得定庵有三矣。我喜求人作书，然不喜求诸名家，以所谓名家者，非魏汉，必六朝，我家藏碑帖，尽日摩揣尚有余，何用此辈并碑帖且不如者？然我所求者，正欲如定庵子才其人，悬吾书斋，供我欣赏其个人笔调耳!

定庵为人善谈，工谐诙，而且极精蒙古语，这等处颇可见定庵是天才。间尝论人，以为善于属文的人，却不善谈，其人未必真率；但善谈之人，则正可不必见其文章，有其波澜气势无疑。天下尽有善文不善谈者，却无善谈而不善文，此说似极有理。定庵谈锋极利，中杂以谐诙，尝记其一事，令吾神往有日，出处已忘却，只得自撰：

定庵客某宦家，有客来访（大概是魏默深吧），与之畅论今昔，纵横千古，自昼达旦，未尝呼饮馔；客兴尽欲去，定庵欲送客，而所着履已杳，乃白足送之，及反，令馆僮遍觅之不可得。岁终撤帐，僮子始于帐顶得之，盖定庵与客谈时，神采飞舞，兴酣色动，不觉头科足跣，所着履以一蹴之力，遽反飞至帐顶，而主客竟两不察觉，盖可见其善谈。定庵不可及，客亦不可及。

这种主客精神实在难得，吾人读其事即可想象其文章！此种人倘得以之为山长，为讲师，其功效殆胜于死猪式之教育万倍，定庵既然善谈，则善谈中必有幽默流露，尝记其一事，颇有趣，可想见其玩世不恭的态度：

定庵在扬州时，一日于盐商席间，酒半，行联句之令，一商云："正是桃红柳绿天"，定庵急续云："老夫人移步出堂前"，大笑绝缨而去。

定庵治学，虽繁杂浩博，然而不依傍门户，取怀疑态度，不肯轻低首古人，《定庵年谱》载其谒孔林，极可见其一斑："先生屡过兖州，未至曲阜，至是自幸著书有成，慨然曰：'可以谒孔林矣。'遂谒至圣庙，两座儒者有拜有弗拜，亦有强一揖不可者。"晚年以研学佛，亦精内典，故其于学可谓无不窥，大概清初鸿博人物，毛西河朱竹坨之流以后，定庵之学，当推第一，惜其为人放诞，遂不齿于正人君子之目，历数诸子，殆无作为比。胡甘伯以汪容甫（中）魏默深（源）龚定庵（自珍）为国朝古文三大家，谓汪文内闳肆而外谨严，定庵则内谨严而外闳肆，魏则兼之而两不及。这评论也不见得有什么独到，定庵之文，失之用字太僻，乃是实在耳。但当时士大夫，能诵史鉴，考掌故，慷慨论天下事，卖定庵开其风气，较之只知八股制义殆已高出万倍。大概定庵经学史学，都有渊源，定庵父阇斋为金坛段玉裁婿，而定庵又为玉裁孙婿，段氏为一代大师，定庵幼承其教诲，这等处总有些渊源也。

关于定庵的死，我集有三种资料，可供谈助，（一）以暴疾卒。（二）被宗室贝勒所宛鸩。（三）被所眷妓所鸩。（一）出于年谱，无病状记载，遽言“七月至丹阳，馆于县署，八月十二日暴卒捐馆。”关于（二）却有一段艳史，晚清笔记记者颇多，今转录于此：

初，定庵官京曹时，常为明善堂主人上客（主人盖奕绘，号太素，封贝勒），主人之侧福晋西林春太清慕其才，颇有暧昧事。后稍为主人所觉，定庵急引疾归，而卒不免，盖主人阴遣客鸩之也。

此说大概最可靠，盖定庵集中《桂殿秋忆瑶姬梦玉人引》诸阕，实为此事而作，如《桂殿秋》云：

明月外，净红尘，蓬莱幽窗四天邻，九霄一脉银河水，流过红墙不见人。惊觉后，月华浓，天风已度五更钟，此生欲问光明殿，知隔朱扃几万重。

关于第三说是：定庵晚年眷妓灵箫，别有所私，定庵知之，嘱与之绝，灵箫阳诺之，而迹愈密，定庵乃怀鸩以往，语灵箫，倘其人再来，当鸩之，灵箫反以之鸩定庵，药方盖出自禁中，服之不即死，死亦无伤痕，因之而卒云。大概定庵之死，以第二说最可靠，以定庵之风流放诞，不护细行，当亦可能也。

定庵有子名孝拱，盖亦奇人，有奇才，但清廷疆吏，如曾国藩辈，知而不能用，卒为汉奸，英法联军掠圆明园之役，孝拱实为主谋。但孝拱读书极博，精语言学，为英使威妥玛客(或云巴复礼)，其狂放尤过乃父，定庵文稿半经孝拱修改。其改稿时，置定庵木主于旁，以竹杖击之曰："某句不通不妥，若为我父，故为改之，不敢以此欺饰后人也。"其狂放真不可及。

定庵父子，可谓狂极怪极，而其父子取名尤奇。定庵名自珍，字璱人，号定庵，一名易简，字伯定，更名巩祚，又名率人，爱吾，自暹。定庵之名多而已，其子之名则大奇，孝拱名橙，又名公襄，字孝拱，更名刷刺，又曰太息，又曰小定，又曰昌匏，到晚年始去一切，更名半伦。"半伦"者，言其无君臣父子夫妇昆弟朋友，而尚爱一妾，故曰半伦。其奇其狂如此，因谈定庵，故并及之。

廿四年七月廿二日

关于太炎先生二三事

◎鲁 迅

前一些时，上海的官绅为太炎先生开追悼会，赴会者不满百人，遂在寂寞中闭幕，于是有人慨叹，以为青年们对于本国的学者，竟不如对于外国的高尔墓的热诚。这慨叹其实是不得当的。官绅集会，一向为小民所不敢到；况且高尔基是战斗的作家，太炎先生虽先前也以革命家现身，后来却退居于宁静的学者，用自己所手造的和别人所帮造的墙，和时代隔绝了。纪念者自然有人，但也许将为大多数所忘却。

我以为先生的业绩，留在革命史上的，实在比在学术史上还要大。回忆三十余年之前，木板的《訄书》已经出版了，我读不断，当然也看不懂，恐怕那时的青年，这样的多得很。我的知道中国有太炎先生，并非因为他的经学和小学，是为了他驳斥康有为和作邹容的《革命军》序，竟被监禁于上海的西牢。那时留学日本的浙籍学生，正办杂志《浙江潮》，其中即载有先生狱中所作诗，却并不难懂。这使我感动，也至今并没有忘记，现在抄两首在下面——

狱中赠邹容

邹容吾小弟，被发下瀛洲。快剪刀除辫，干牛肉作糇。英雄一入狱，天地亦悲秋。临命须掺手，乾坤只两头。

狱中闻沈禹希见杀

不见沈生久，江湖知隐沦，萧萧悲壮士，今在易京门。螭魅羞争焰，文章总断魂。中阴当待我，南北几新坟。

1906年6月出狱，即日东渡，到了东京，不久就主持《民报》。我爱看这《民报》，但并非为了先生的文笔古奥，索解为难，或说佛法，谈“俱分进化”，是为了他和主张保皇的梁启超斗争，和“××”的××斗争，和“以《红楼梦》为成佛之要道”的×××斗争，真是所向披靡，令人神往。前去听讲也在这时候，但又并非因为他是学者，却为了他是有学问的革命家，所以直到现在，先生的音容笑貌，还在目前，而所讲的《说文解字》，却一句也不记得了。

民国元年革命后，先生的所志已达，该可以大有作为了，然而还是不得志。这也是和高尔基的生受崇敬，死备哀荣，截然两样的。我以为两人遭遇的所以不同，其原因乃在高尔基先前的理想，后来都成为事实，他的一身，就是大众的一体，喜怒哀乐，无不相通；而先生则排满之志虽伸，但视为最紧要的“第一是用宗教发起信心，增进国民的道德；第二是用国粹激动种性，增进爱国的热肠”（见《民报》第六本），却仅止于高妙的幻想；不久而袁世凯又攘夺国柄，以遂私图，就更使先生失却实地，仅垂空文，至于今，惟我们的“中华民国”之称，尚系发源于先生的《中华民国解》（最先亦见《民报》），为巨大的纪念而已，然而知道这一重公案者，恐怕也已经不多了。既离民众，渐入颓唐，后来的参与投壶，接收馈赠，遂每为论者所不满，但这也不过白圭之玷，并非晚节不终。考其生平，以大勋章作扇坠，临总统府之门，大诟袁世凯的包藏祸心者，举世无第二人；七被追捕，三入牢狱，而革命之志，终不屈挠者，举世亦无第二人：这才是先哲的精神，后生的楷范。近有文侩，勾结小报，竟也作文奚落先生以自鸣得意，真可谓“小人不欲成人之美”，而且“蚍蜉撼大树，可笑不自量”了！

但革命之后，先生亦渐为昭示后世计，自藏其锋铓。浙江所刻的《章氏丛书》，是出于手定的，大约以为驳难攻讦，至于忿詈，有违古之儒风，足以贻讥多士的罢，先前的见于期刊的斗争的文章，竟多被刊落，上文所引的诗两首，亦不见于《诗录》中。一九三三年刻《章氏丛书续编》于北平，所收不多，而更纯谨，且不取旧作，当然也无斗争之作，先生遂身衣学术的华衮，粹然成为儒宗，执贽愿为弟子者綦众，至于仓皇制《同门录》成册。近阅日报，有保护版权的广告，有三续丛书的记事，可见又将有遗著出版了，但补入先前战斗的文章与否，却无从知道。战斗的文章，乃是先生一生中最大，最久的业绩，假使未备，我以为是应该一一辑录，校印，使先生和后生相印，活在战斗者的心中的。然而此时此际，恐怕也未必能如所望罢，呜呼!

半小时访章记

周黎庵

前　　记

题目来得蹊跷，便是作者自己也费煞踌躇。“半小时”，这三个字是不生问题的，因为和章对谈确有“半小时”。但并不是指访章共用去半小时而言，这一点也合该声明在此。再说这位所“访”的对象吧，照新闻记者的办法，准有不少头衔可用，譬如“国学老师”“汉学大师”“朴学大师”，都可以用，即如再朴实点，则爽爽快快“章太炎先生”亦可。但是这些在我都觉得不妥，为对于这位国家元勋、泉石遗老表示敬意起见，大胆仿时下要人的称呼来一个“章”字。好在章兮章兮，只此一章，别无分出，至于“吾家什么”之流，那是冒牌货，还不至于劳我们玉趾吧。再次，“访”字也不大好用，据一位朋友说来：应改为“觐章记”，这好像太幽默些儿，对前辈不恭，本来我拟用的是“晤章记”，细想也不妥，“晤”字的敌体气氛太重，我们还够不上康有为和廖平的资格，“晤”字大可不必。况且我们这次的造访，专诚的还不是去访他，专诚的访不到，却“顺手牵羊”的访一访他，则其为“访”也明矣；且访章的缘起，也就是这样简单的一回事，所以“访章记”三字是最稳当，真是斑马也不能易我只字；正是和章之为古文不肯轻易下只字的。

正　文

因为要访一位古人的遗迹，在苏州深巷小街中迂回了一上半天，结果是毫无所得，一行三人，大有入得宝山，竟是空手而回的神情。苏州的房子多是中国式的，有时不顺眼的见了几所洋房，不免要感到奇怪，在苏州起洋房的，不外乎几种，政府机关，洋人学校和大小军阀政客的别墅；此外私人第宅，却都富于保守性的。

玄妙观前王废基庞大的废址，自从北伐成功以来，已划作三个机关，公共体育场、市公园和县立图书馆，这三个机关之外，近年来又耸立一所洋房——水泥钢骨的洋房，和几个国式的新屋——石灰砖墙的国房，我们从锦帆路出来，恰到大门面前，门前悬着两块木牌，靠洋房那边的是：

《制言》半月刊

国房那一边的是：

章氏国学讲学会

我读过《制言半月刊》的创刊号宣言说："余自民国二十一年返自旧都，知当世无可为，讲学吴中三年矣。"而且也略有所闻，国府曾拨过一笔什么款子去给章营造菟裘之地，便知道这所洋房的主人是谁。灵机一转，向同行的两位提议："我们既专诚的访不着什么，何妨改成访一访章呢？"言下大家赞成，乃肃衣冠投刺而入，那门子到底是章的，恭而有礼，并不留难，说"章先生在吃饭，请你们候一候吧!"

我们投刺的地方是章的住宅，水泥钢骨的洋房，对面几进国房才是"章氏国学讲习会"。那边，离开开讲的时候已是不远，生徒云集，大衫长褂，雍雍穆穆，大有洙泗气象，书本大都是《尔雅》《公羊》《尚书》这一类，线装木版的居多，只有一本《尔雅》是商务版洋装的，略嫌美中不足些；壁上还挂着学生的作业成绩，大概是准备给人参观的，但我们没有仔细欣赏，因为有人来领我们到洋房那边一间办公室去了。

室内的陈设很简单，想来不是章的书斋，壁上挂着二张照片，一张熊成基烈士遗像，另一张是段合肥在沪七秩大寿图，图中有杜月笙等名人。室中除两张办公桌之外，另有一张小方桌，恰合四个人围在一起谈话的，我们三人坐在下面，虚了上位等章出来。

我们在桌上，先开小方桌会议，讨论应该怎样和章接谈，我提议："我们大家装出风雅持重些，说话要留心，不要给他看不起。"另一位很以为然，他更进一步说："我们说话非但要当心，最好不要涉及三代以下的东西，大家且来搜刮一下肚肠"。那时桌子上放着几本随手带来的小说，似乎不好意思给章经眼，连忙用一本"苏州指南"之类来遮了，这才扣起领钮正襟危坐起来。坐在椅上疑神疑鬼，听见步履声，以为章来了，连忙起来致敬，不料却是仆人给我们倒茶，问章先生，回答是饭不曾用好，那时我正在想《论语》上有一句"割不正不食"的话，不知章亦是否因此而对他的厨子发脾气否？

来了，年纪轻轻的，望之不如章，就之更不知所畏。他姓陈，照例揖让，拱手，他告诉章年纪大了，见不得客，因为多谈便要喘气。总之，他言下颇有拒见的意思。我们三人中有一位"蜀人"却有本领，他早知这玩意儿，他且不涉及章之肯见与否，先和陈谈起章的相与一干人来，什么黄季刚咧，钱玄同咧，《华国》杂志咧，以表示我们肚子里有些货色，不是来跟章胡缠的。在陈心目中，我们是有资格够得上见章了，我乘机说："我们专诚远来，特为一瞻章先生风采颜色，即使能够给我们五分钟时间也够了。"于是他才起身入内。

我们眼巴巴望他的去路，希望从那条路走出一个章来，却不防章奇兵突出，他步履端详，声息全无的从后门踱进来，要不是有位眼快，我们准得失仪。于是大家起身行一下最敬礼，章的身子本来已是有了十五度，再略加几度，便算是宾主揖让过了。他穿着一件蓝色缎子棉袍，加上一件玄色大花对襟半臂，脑袋大得惊人，估量里面不知藏了多少“国故”。

跟着有仆人替他来一听烟，点上一支给他。我以为是他著名惯抽的“茄力克”，不，却是“大长城”，那仆人点上火，立刻退出门外；章忽像失去一件什么似的，大声操着余杭大众语叫他回来，声燥而厉，跟随在后面的陈，恐怕我们太难堪，亲自出去吩咐几句，跟着那仆人端着一只白瓷痰盂进来，放在他足跟前，他把烟灰一弹，才回过头来和我们接谈。我知道章是个痰盂的爱好者，他与我有同癖，你猜想章那时的姿势是多么安适，我想痰盂至少和他的学问有些儿关系。

章的国语太坏，简直不能操，于此亦可见他个性的强烈。他老实问我们姓名职业，我告诉他两个是中学国文教员，一个是在家里治治国学的；他似乎感到兴趣，知道不是一般毛头小子来跟他胡缠的，但是谈锋还不曾凑上。

我们那位“蜀人”，似乎不大懂礼，他直率地问章的年龄，我想糟了，一定要在章面前失仪；但章却满不在乎的：

“六十八。”

声音是颤巍巍的，“六十八”是给年轻人一种示威，听了不能不悚然起敬的意思。“蜀人”又问：

“老先生到过四川吗？”

“到过。民国十……十三年……没有到成都……那时军阀混战……数起来，十几年了。”他摸摸脑袋说。

“那个时候，廖平也在四川啰？”

“廖平”，这是对章下一颗炸弹，突然把章兴奋起来，他一定想：“你们居然也知道廖平的。”他的态度，顿时回复当年战士的姿态，谈锋立刻锐利起来：

“廖平，是的，他那时也在成都……不错……我想起来了，康有为……这伪学。他著了一本书……还没有出版……他忽然写一封长信给廖平……要把廖平的一本书，毁版——把版子劈了。后来……后来康的书出版了，原来康就是抄廖平的。你想康……康的心狠不狠。竟然要把廖平的版劈，劈了——毁尸灭迹。”

其实这件事我们是毫无所知道的，但是却不约而同的应一声“原来如此”。

我们应对的功夫，已被章认为登堂入室，可与以谈谈之流了，于是他的谈锋更健：

“康梁，康，这不必谈。梁，梁后来变了节，他，他佛学倒不坏，但是究竟是改节的……”

一枝“大长城”已烧完，他抽烟的手段不大高明，或许是于思于思的关系，烟尾含得湿湿的；他满不在乎的向痰盂一掷，伸出一只颤巍巍的手去拿第二支，趁这个机会我发问：

“先生对于胡适之怎样？”

“哈哈”，他笑了起来。“哲学，胡适之也配谈么？康梁多少有些‘根’，胡适之，他连‘根’都没有。”

在章的眼中，自此以下似乎不屑多谈的意思，他对于胡适之的批评，在《制言》半月刊宣言中说过："其间有说老庄理墨辨者，大抵口耳剽窃不得其本，盖昔人之治诸子，皆先明群经史传，而后为之，今即异是，皮之不存，毛将焉附耶？"他又这样的说一遍。

有一位问起辜鸿铭。

"汤生，英文，他好，国学他根本不……"

他谈起哲学，里面也用两个新名词，"具体化"和"抽象化"，照他的意思，以为恐怕我们听不懂他的理论，才破格用这两个"化"词，多少是含有轻视成分在里面。一会儿谈起尊孔：

"孔子，尊尊也不妨，他的东西，关于做人方面——就是实际方面，绝是不错的。譬如，举一个例，'孝悌忠信'，这个，这个有人能改吗？但是，封建，封建的不好，要不得，但这也是时代，时代的关系……"

我们四个人——连章在内，不约而同地说出一句：

"圣之时者也。"

说完这句话，他有些气喘了。旁边侍坐的陈，已经向我示过三次"意"，我们原是答应谈五分钟的，现在居然破例抽完三支烟，总该告辞吧。

那天光线极好，我要求章拍一张照，章略一踌躇，也就答应了，坐在一张柚木写字椅上照了一张。他送到房门，拱一拱腰进去了。到了洋房外面，已是一点三十分，对面国房的章氏国学讲习会，已是弦歌洋洋盈耳了。

我们很欣幸，能够见一见章，他有骨气，他肯自重，说话不吞吞吐吐，要骂就骂，毫不客气。康梁辜廖已作古人，章亦垂垂老去，以后要再在这古国内见这样的人物，恐怕不大会有吧？

章太炎先生轶事

◎ 周黎庵

我遇见章太炎先生只有一次，而这一次也正是最后的一次。晤见的日子我记得很牢，是廿四年十一月十一日而且是十一时的光景。何以能见到他呢，说起来也有趣，那时林语堂先生正在替《天下月刊》翻译沈三白的《浮生六记》，他深深中了三白芸娘的迷，一定要寻着他俩的遗址遗物。我对于《六记》也是一样爱好，而且适在苏州，于是他约定要来苏，到仓米巷沧浪亭访芸的旧居，到福寿山寻三白的坟墓，到护龙街找三白的遗画。十一月九日他偕海戈先生来了，整整访了二天，了无所得，从仓米巷出来，肚子饿极了，大家嚷着找饭馆，可是这一带地方连小店也没有的，猛地看见一座整齐的洋房，旁边还有几座“国房”，大门上写着“章氏讲学会”“制言半月刊”等字样。语堂是听过章氏演讲的，我和海戈都是闻名而未识面，觉得此次苏行，如入宝山空手而回，非常扫兴，不如顺便访一访章氏，似乎还上算，语堂虽然反对，却二对一否决了；于是我们便见了不久便作古人的国学大师。记得语堂和海戈还化了名，他俩算是某中学校的教员，我虽未更名，却也顶上一个什么头衔了。

关于这一次的访章，还写有一篇文章（《论语》七十八期），当时给章拍了一张照片，可惜光线不行，未能制版刊出来；倘使章氏这几个月来不曾摄影的话，则我所藏的照片，要算他最后的遗照了。

关于章氏的文章功业，不配也不必谈，这里只记载他的轶事，而这些轶事，大都是关于他的私生活，是他一位内侄告诉我的。他零零碎碎讲来，只得拉拉杂杂写上去，虽是琐事，却与他的文章学术有关，似乎颇有记录的价值。

章氏个性极强，可与康南海辜汤生鼎足而三，他简直满身都是傲骨，什么人都不放在眼中，因此得了“章疯子”的雅号，其实他并不疯，只是狂，不过到了晚年，除专心治学外，其他知觉已一概失去，简直不知人事，狂也狂不得了。关于他的轶事，为便利起见，分段叙之如次：

嫁女　章有二女，年龄相去甚远，长婿在北京，章送女往嫁，嫁日不动声色，用蓝布包袱包衣数件，令婿用黄包车二辆送归。人或责之，章谓遵牛车送亲古礼。后女以郁郁自缢死，章有悼篇，传诵一时。女之死甚冤，盖夜半自缢时，其妹同室，见姊自缢，乃为解下，竟不告家人而先睡，至二次再缢遂无能为力矣。

拒吴击张　吴敬恒张溥泉（继）两先生皆为章氏挚友，十七年后章即作《北山移文》，宣告交绝。吴张知其傲慢，亲往其家请解，吴老杖往，章氏掷刺拒见；溥泉先生则径入其室，章氏适持杖，一见张即掷杖击之，张抱头而逃，始终不获交一语。

治学精神　章氏晚年，患鼻疾甚剧，时发时愈，京粤讲学之行，均以此作罢，其致疾之由，皆努力于学术之故。章氏居处有一大室，四壁琳瑯皆是书籍，除窗户外，一无隙地，即窗户之上下亦设书架。室中除书外，了无陈设，中置一床，即为章氏独睡之处。每中夜睡醒，忽忆及某书某事，即起床诣书架翻阅之，往往自中宵达旦，虽在严冬，亦不知加衣。翌晨其仆役进室洒扫，见章持卷呆立，形如木鸡，必惊呼“老爷，你没有着衣呢!”章始惊醒，则必患重伤风，伤风必患鼻疾，其家人虽欲禁之，不可能也。章氏治学精神，可见一般。吾知其于持卷呆立，形如木鸡之时，心神领会，此种精神，真吾辈之万分景仰者，惜天不假年，惜哉!

烟癖　章氏烟户之宏，一时无两，虽演说讲学，口未尝停抽。（按：纸烟也）初所抽烟甚名贵，后则不能辨别，其友人李印泉（根源）先生屡以大长城馈之。然章氏抽烟并不高明，以于思于思之故，烟尾皆湿，未及三之二，即行弃去，余亲见其如此云。

不识途　章氏晚年居上海时，尝自行出门外购烟，离家五六十步，便不识归途，又不忆门牌，只得沿途问人，其问路之词甚幽默，为“我的家在哪里？”六字，闻者莫不目为疯子。又章氏某次由南京返沪，其家人误记班次，章氏遂一人下车，不知如何雇一马车，车夫问其到何处，章答以到“我的家里”，车夫无办法，只得在市内兜圈子。其家人接章不着，焦急万分，派二十余人在市内寻找，卒在大世界畔寻到，盖兜圈子已半天矣。近年章氏行动，即室内亦有侍役追随，不然，即累其夫人麻烦云。

饮食　章氏晚年，舌已不能辨味，出外酢酬，必携其内侄为陪。其所食只限于面前一菜，故必须人布菜其前，如鱼则必须去骨，不然，必连骨咽下，又累主人麻烦矣。章氏能饮酒，如无人禁止，可自暮达旦，自旦达暮。盖章氏晚年除治学外，一切均由其夫人汤国黎女士经理，夫人实奇才，两人以诗合者也。

师生笑史　去岁逝世之中大教授黄季刚先生，为章氏最得意弟子，季刚先生事章氏恭谨又倍于他人，黄有弟子陈君，亦能传其衣钵，主章家为西席，章氏以西席礼待之。每逢新年，季刚先生必诣章宅叩贺，至必行跪拜礼，黄叩章，陈又叩黄，章又向陈行礼。坐定，陈举茶敬黄，黄敬章，章又敬其西席，如此循环不绝，家人传为笑谈。季刚先生死，章氏哭之甚哀，师生之谊，老而益笃。

不知钱　章氏晚年，不知钱为何物，更不明钞票之用途。嘱仆役购烟一包，便畀洋五元，其子欲做大衣，亦与洋五元，甚至在苏州建屋时，亦拨洋五元，盖章氏仅知钞票一张，可有一次用途也。其子导，肄业复旦附中，习建筑学，未半年，建屋时，章即欲其为工程师，其子瞠目莫名其妙。

傲慢　章氏通古今经学，睥睨一世，目无余子，与康梁以政见学术不同，诋之最力，然得章氏之一骂者，正亦不易，去年拜谒时，曾询其对于胡适之之意见，章氏以“不配谈”答之。然章氏独畏《知圣编》作者蜀人廖平，章入川时，廖在成都，扬言章若至者，必面折之，章遂不敢入成都。章个性最强，不为任何所动，中央任以国史馆及中山先生墓志，皆以故不就。某年居上海南阳桥时，适被通缉，侦者已知其处，友人多劝其移住，章不为动，后诳以友人死，章往吊，遂得移居，不一时而捕者至矣。

关于章氏的轶事，随想随写已经不少，看来大都有些幽默的意味，但亦可见一个学者的态度。大概章氏自遭袁氏禁闭后，神经大受刺激，除学术之外，遂失去一切知觉。去年拜谒他的时候，他的身体看来不大好，据说是患病初愈，我们只着夹衣，他已披重裘了。谈了半小时，已气喘得厉害，走路时候虽不需人扶，然已龙钟异常，当我们恭立等他进内室时，谁料得到这是最后的一瞥呢。章氏的学术功业不必言，最令人心折的是他的傲慢和气节。似这样的一位能说话不屈节大师死去，看后来者滔滔都是打拱作揖奴颜婢膝一流家伙，于追念章氏悲哀空气中，又有些愤世嫉俗的态度了。

关于章太炎先生的回忆

◎ 曹聚仁

《宇宙风》二十二期，有一篇乃蒙先生的章太炎的讲学，写得真够味——辛辣，在芥川龙之介之外，我们所不曾看见过的深刻而冷隽的解剖。他说章先生是悲剧的人物：

> “他是狂傲的人，一切是自私的，以自己为中心的。在演讲台上，他将听众幻成一种意象，以为这意象是他的获得，他的生命之某种关联，而这意象是陌生的，于是以眼光，以笑脸，去粘住它，把它位置在某种精神生活上。这里，我仿佛看见章先生心灵的凄独!”

我看了他的文章，有一点感兴，也胡乱来写一点。

我是不大相信章疯子那一类的传说的，太炎先生对于弟子们的问学，态度非常谦和，和家人父子一样说家常话，并不摆出什么大学者的架子。从康有为那儿看了天才的面孔，再回想太炎先生的态度，可以推想乾嘉朴学家的冲和模样，愈觉其可亲。太炎先生大概也不甚爱过访的人们和他谈什么学问，时常谈谈《黄帝内经》和张仲景《伤寒论》，该是顶聪明的办法，反正彼此都是外行。他的《伤寒论》说得并不坏，好在他自己并不替别人开方子，听听也何妨？

他是要做王者之师的，（芥川龙之介语）民国初元，我的老师单不庵先生曾经想请他讲学过，（正是他为袁世凯所忌，马通伯请他莫问政治，以学问成千古业的时候）他摇摇头，表示不愿以政治上的大才略局促于虎皮交椅上。可是周流十年，政治上并无所表现。民国十一年，春间，由于沈信卿那些人的策动，（借章太炎来做复古运动的盾牌）才在上海省教育会作连续的国学演讲。第一次讲演时，听众有一千多人；其后逐渐减少，约以五六十人为常，照他那样的演讲，有五六十个听众，应该够满意了。他的讲演，如乃蒙先生所说，满口土语——带余杭方音的杭州话，（我们可不要忘记他是写《新方言》那名著的学者。）夹些带音尾后的笑，一面吸烟，一面低声的演讲。像我这样对于他的方言并不感到困难的人，而我又从单不庵师那里知道足够的关于今古文家争执种种的人，还是和乃蒙先生一样体味到太炎先生心灵上的凄独。太炎先生的笑，有的是胜利的笑；他提出强有力的证据，驳倒了今文家的嘲弄，或用史的事实证明了古文家的可信：但这五六十个听众中，并没有皮锡瑞康有为其人，老实说大家并不关心今古文家的争辩，甚至连什么叫做今古文家都不明白；他如唐·吉诃德一样向羊群舞矛，他自己的脸上浮上胜利的笑了。有的是嘲弄的笑，嘲弄梁启超、严几道、林琴南那些人写不成像样的文章，嘲弄那些阘冗颟顸的人们爬上政治舞台，有时是会心的笑，他在人性研究上，超过了宋明理学家，直入道家禅宗的堂奥，显出他自己的别有会心；可奈听众对于哲学修养实在很浅薄，并不想到人性论上有这样的道理，他的最得意之处，大家的确茫然得很。我和钱玄同先生的主张有点相近，不十分热心于今古文家的门户之见，看太炎先生这样对下一代人热烈重提上一代的争论，有时真为他的白费气力而加以惋惜。

但是，唐·吉诃德的长矛，有一回竟向我们年轻人的身上投过来，他要用嘲笑宋诗派的话头来嘲笑白话诗。他说，“凡称之为诗，都要有韵，有韵方能传达情感；现在白话诗不用韵，即使也有美感，只应归入散文，不必算诗。日本和尚娶妻食肉，我曾说他们可称居士等等，何必称做和尚呢？”又说：“我们不能向上努力，便要向下堕落，所谓向下堕落，便是白话诗。”于是辩论起来了。我们是一群，他是一个人；我们有一套完整的理论，他只有几句嘲笑的话头；我们有正在试验的种种作品，他自己又并不是诗家。他只批评我们一阵子，我们从各方面去驳斥他，使他无话可说。可是我们的辩驳，要使他能够看到知道真不容易；因为国学讲演的结果，和沈信卿他们所预定的复古目的相反，一则省教育会的记录员写不成一篇讲稿，二则以《民国日报·觉悟》为中心的反复古的一群，每一篇文章都比他们所说有力量有影响；沈信卿有点对于我们不高兴起来，他用种种方法，阻止我和太炎先生的会见。

在西门××里××号的楼上，我第一次晤见太炎先生，我把我们所提出的关于新诗的意见给他看。他只说我旧书读得不错，能够从他的著作中找材料补充他的演讲，对于新诗却不表示什么意见。我把胡适、康白情的诗给他看，他才知道新诗还是沿袭诗词的旧体裁，（这是我的错，因为那时新诗已有很进步的作品，不当拿初期新诗给他看的）于是他又开批评宋诗的话匣子，说《检论》上的老话。我单刀直入清他不要说《检论》上的老话，他才相当表示对于新诗并不了解。笑我这孩子的倔强态度，但是一年以后，他在《华国》上回我的信，还是说的检论上的老话。

他的国学讲演，那年预定上海完了以后，轮流在杭州南京各讲一次。政局的变动，刺激了他的政治欲；他又变成赵恒惕、黎元洪、孙传芳那些人的“王者之师”，不再讲学了。民国十五以后，他非常失意，直到国民政府助万金讲学，才在苏州抬起头来。我们读他在苏州的讲稿，觉得十年不相见，也毋庸刮目相看；只因为有万金作底子，语气稍微有点不同，快要变成“半部论语治天下”的说诗人了。

我和他最后一次相见，是在静安寺路上；他答应我和徐志摩先生去看他，不料徐先生坐了飞机跌死了，我也就懒得去看他，我对于这鳄鱼似的大师，有一句话埋在我的肚子里，几次要问终于不曾问，现在懊悔也来不及了。我真不懂：“他那回为什么不到巴黎大学去讲学？”

章太炎先生

◎ 曹聚仁

钱江轮船的篷舱里，两位乘客在那里谈论章太炎。甲说：“章太炎的学问真好，四书五经无所不通。我们余杭出章太炎，就好比你们金华出宋濂。”乙说：“章太炎的文章总算好，唐朝韩文公，宋朝苏东坡，民国章太炎，文起八代之衰！”甲说：“人家都说他和梁启超一样的好。”他们谈论得十分起劲，我在旁默默地听着想着。章先生评论古今文章，独尊魏晋；谓：“魏晋之文，持论仿佛晚周；气体虽异，要其守已有度，伐人有序，和理在中，孚尹旁达，可以为百世师。”其评论唐宋古文，谓：“李翱韩愈局促儒言之间，未能自遂。欧阳修曾巩好为大言，汗漫无以应敌，斯持论最短者也。若乃苏轼父子，则俗人之戋戋者。”以尊韩苏者尊太炎先生，岂不等于污辱了他？把太炎先生所最推重的魏晋，要由他所看不起的韩文公来起衰，岂不是根本否定了他的主张？清末，上海有人定《近世文人笔语》为五十家，将章太炎和谭复生，黄公度并称。章先生与郑实书云：“谭黄二子志行，顾亦有可观者；然学术既疏，其文辞又少检核，仆虽朴陋，未敢与二子比肩也！近世文士王壬秋，可谓游于其藩，犹多掩袭声华，未能独往；康长素时有善言而稍谲奇自恣；仆亦不欲与二贤并列，谓宜刊削鄙文，无令猥厕！”某甲说他和梁启超一样的好，那真要把他气死了！

章先生的文章，见之于《国故论衡》《检论》者，文章宏雅，自视甚高，谓：“忽略名实，则不足以说典礼，浮辞未剪，则不足以穷远致。言能经国，绌于边豆有司之守；德音孔胶，不达形能知虑之表，故篇章无计簿之用，文辨非穷理之器；彼二短者，仆自以为绝焉，所以块居独处，不欲寄群彦之数者也！”

民国三年，太炎先生被禁于北平龙泉寺，其五月二十三日家书，满纸牢愁，不堪卒读。中有句云：“吾死以后，中夏文化亦亡矣！”那是多么自负的话头！《国故论衡》上卷论小学，阐发音理，以音理诠解转注假借之义：先生于音韵之学，独辟蹊径，弟子中钱玄同，黄季刚皆以音韵学名家；案头上的音韵学，可说是登峰造极了！太炎先生以党案入狱，初究佛典，治因明学，以分析名相始，以排遣名相终，乃以佛理来解释庄子，作《齐物论释》，以佛理论性，作《辨性》上中下；独到之境，非宋明理学家所能梦见，宋濂辈碌碌不足道，何足以望其项背呢！

民国十二年，太炎先生在江苏省教育会讲演国学，他说："凡称之为诗，都要有韵，有韵方能传达情感；现在白话诗不用韵，即使也有美感，只应归入散文，不必算诗。日本和尚娶妻吃肉，我曾说他们可称居士等等，何必称做和尚呢？"他又举史思明的樱桃诗为例。沈信卿咧开大嘴，哈哈大笑；那正是白话诗流行的季候，太炎先生嘲笑了白话诗，沈信卿大为得意。其实太炎先生对于诗歌见解，素来如此；他嘲笑江西诗派，也同是这个说法，沈信卿还不必那么得意的。《国故论衡》文学论略云："文学者，以有文字著于竹帛，故谓之文；论其法式，谓之文学；凡文理，文字，文辞皆称文。……是故榷论文学，以文字为准，不以文章为准。"这广泛的文学定义，和亚诺德（Mathew Arnold）的主张，几乎完全相同，而和阮元正走了相反的路；我们可以想见骈文家和史学家之间有多么长的距离。——太炎先生的学问，有如一根大树，枝枝节节是无从了解他的；还是说他四书五经无所不通，让他莞尔微笑罢！

太炎先生有一个外号，叫做章疯子，清光绪末年，梁启超，麦孟华，奉康为教主，在上海宣传《公羊义法》，说是"不出十年，必有符命!"太炎先生嗤之以鼻，曰："康有为什么东西! 配做少正卯，吕惠卿吗! 狂言呓语，不过李卓吾那一类货色!"康氏徒党，恨之入骨! 两湖总督张之洞慕先生之名，由钱恂介入幕府。时梁鼎芬为西湖书院山长，一日，询章先生："听说康祖诒（有为）欲作皇帝，真的吗？"太炎先生说："我只听说他想做教主，没听说想做皇帝；其实人有帝王思想，也是常事；只是想做教主，未免想入非非！"梁鼎芬为之大骇!民国二年，袁世凯诛戮党人，絷先生于北京龙泉寺后移絷于钱粮胡同。先生每与人书，必署"待死人章某。"

前年，黎元洪死，先生挽之以联，下署"中华民国遗民章炳麟挽，"联云："继大明太祖而兴，玉步未更，倭寇岂能干正统。与五色国旗同尽，鼎湖一去，谯周从此是元勋!"章疯子这外号，就这样更流传更证实了。

记辜鸿铭

胡　适

民国十年十月十三夜，我的老同学王彦祖先生请法国汉学家戴弥微先生（Mon Demiéville）在他家中吃饭，陪客的有辜鸿铭先生，还有两位法国的先生，徐墀先生，和我；还有几位，我记不得了。这一晚的谈话，我的日记里留有一个简单的记载，今天我翻看旧日记，想起辜鸿铭的死，想起那晚上的主人王彦祖也死了，想起十三年之中人事变迁的迅速，我心里颇有不少的感触。所以我根据我的旧日记，用记忆来补充它，写成这篇辜鸿铭的回忆。

辜鸿铭向来是反对我的主张的，曾经用英文在杂志上驳我；有一次为了我在《每周评论》上写的一段短文，他竟对我说，要在法庭控告我。然而在见面时，他对我总很客气。

这一晚他先到了王家，两位法国客人也到了；我进来和他握手时，他对那两位外国客说：Here comes my learned enemy!大家都笑了。

入座之后，戴弥微的左边是辜鸿铭，右边是徐墀。大家正在喝酒吃菜，忽然辜鸿铭用手在戴弥微的背上一拍，说："先生，你可要小心！戴先生吓了一跳，问他为什么，他说："因为你坐在辜疯子和徐颠子的中间！"大家听了，哄堂大笑，因为大家都知道，"Cranky Hsü"和"Crazy Ku"的两个绰号。

一会儿，他对我说："去年张少轩（张勋）过生日，我送了他一副对子，上联是'荷尽已无擎雨盖'，——下联是什么？"我当他是集句的对联，一时想不起好对句，只好问他，"想不出好对，你对的什么？"他说："下联是'菊残犹有傲霜枝'。"我也笑了。

他又问："你懂得这副对子的意思吗？"我说："'菊残犹有傲霜枝'当然是张大帅和你老先生的辫子了。'擎雨盖'是什么呢？"他说："是清朝的大帽。"我们又大笑。

他在席上大讲他最得意的安福国会选举时他卖票的故事，这个故事我听他亲口讲过好几次了，每回他总添上一点新花样，这也是老年人说往事的普通毛病。

安福部当权时，颁布了一个新的国会选举法，其中有一部分的参议员是须由一种中央通儒院票选的，凡国立大学教授，凡在国外大学得学位的，都有选举权。于是许多留学生有学士硕士博士文凭的，都有人来兜买。本人不必到场，自有人拿文凭去登记投票。据说当时的市价是每张文凭可卖二百元。兜买的人拿了文凭去，还可以变化发财。譬如一张文凭上的姓名是(Wu Ting)，第一次可报“武定”’第二次可报“丁武”，第三次可报“吴廷”，第四次可说是江浙方音的“丁和”。这样办法，原价二百元的，就可以卖八百元了。

辜鸿铭卖票的故事确是很有风趣的。他说：“你来运动我投他一票，我说：‘我的文凭早就丢了’，他说：‘谁不认得你老人家？只要你亲自来投票，用不着文凭。’我说：‘人家卖两百块钱一票，我老辜至少要卖五百块。’他说：‘别人两百，你老人家三百。’我说：‘四百块，少一毛钱不来，还得先付现款，不要支票。’他要还价，我叫他滚出去。他只好说：‘四百块钱依你老人家。可是投票时务必请你到场。’

“选举的前一天，果然把四百元钞票和选举入场证都带来了，还再三叮嘱我明天务必到场。等他走了，我立刻出门，赶下午的快车到了天津，把四百块钱两天工夫就花光了，之后，我才回北京来。

“听说我回来了，赶到我家，大骂我无信义。我拿起一根棍子，指着那个留学生小政客，说：‘你瞎了眼睛，敢拿钱来买我！你也配讲信义！你给我滚出去！从今天以后不要再上我门来!’

“那小子看见我的棍子，真个乖乖的逃出去了。”

说完了这个故事，他回过头来对我说：“你知道有句俗话：‘监生拜孔子，孔子吓一跳。’我上回听说的孔教会要去祭孔子，我编了一首白话诗：

监生拜孔子，孔子吓一跳。

孔会拜孔子，孔子要上吊。

胡先生，我的白话诗好不好？”

一会儿，辜鸿铭指着那两位法国客人大发议论了。他说：“先生们，不要见怪，我要说你们法国人真有点不害羞，怎么把一个文学博士的名誉学位送给这样的先生，你的报纸上还登出他的照片来，坐在一张书桌边，桌上堆着一大堆书，题做“大总统著书之图”！呃，呃，真羞煞人！我老辜向来佩服你们贵国，——La belle France！现在真丢尽了你们的 La belle France 的脸了！你们要是送我老辜一个文学博士，也还不怎样丢人！可怜的班乐卫先生，呃？”

那两位法国客人听了老辜的话，都很感觉不安，那位报纸的主笔尤其脸红耳赤，他不好不替他的政府辩护一两句。辜鸿铭不等他说完，就打断他的话，说：“Monsieur，你别说了。有一个时候，我老辜得意的时候，你每天来看我，我开口说一句话，你就说：‘辜先生，您等一等。’你就连忙摸出铅笔和日记本子来，我说一句，你就记一句，一个字也不肯放过。现在我老辜倒霉了，你的影子也不上我们门上来了。”

那位法国记者，脸上更红了。我们的主人觉得空气太紧张了，只好提议，大家散坐。

上文说起辜鸿铭有一次要在法庭控告我，这件事我也应该补叙一笔。在民国八年八月间，我在《每周评论》第三十三期登出了一段随感录：

［辜鸿铭］现在的人看见辜鸿铭拖着辫子，谈着“尊王大义”，一定以为他是向来顽固的。却不知辜鸿铭当初是最先剪辫子的人；当他壮年时，衙门里拜万寿，他坐着不动。后来人家谈革命了，他才把辫子留起来。辛亥革命时，他的辫子还没有养全，拖带着假发接的辫子，坐着马车乱跑，很出风头。这种心理很可研究。当初他是“立异以为高”，如今竟是“久假而不归”了。

这段话是高而谦先生告诉我的，我深信高而谦先生不说谎话，所以我登在报上。那一期出版的一天，是一个星期日，我在北京西车站同一个朋友吃晚饭。我忽然看见辜鸿铭先生同七八个人也在那里吃饭。我身边恰好带了一张《每周评论》，我就走过去，把报送给辜先生看。他看了一遍，对我说：“这段记事不很确实。我告诉你我剪辫子的故事。我的父亲送我出洋时，把我托给一位苏格兰教士，请他照管我。但他对我说：‘现在我完全托先生了，你什么事都应该听他的话。只有两件事我要叮嘱你：第一，你不可进耶酥教；第二，你不可剪辫子。’我到了苏格兰，跟着我的保护人，过了许多时。每天出门，街上小孩子总跟着我叫喊：‘瞧呵，支那人的猪尾巴！’

我想着父亲的教训，忍着侮辱，终不敢剪辫。那个冬天，我的保护人往伦敦去了，有一天晚上我去拜望一个女朋友。这个女朋友很顽皮，她拿起我的辫子来赏玩，说中国人的头发真黑的可爱。我看她的头发也是浅黑的，我就说：'你要肯赏收，我就把辫子剪下来送给你。'她笑了，我就借了一把剪子，把我的辫子剪下来送了给她。这是我最初剪辫子的故事。可是拜万寿，我从来没有不拜的。"他说时指着同坐的几位老头子，"这几位都是我的老同事。你问他们，我可曾不拜万寿牌位?"

我向他道歉，仍回到我们的桌上。我远远的望见他把我的报纸传给同坐客人看。我们吃完了饭，我因为身边只带了这一份报，就走过去向他讨回那张报纸。大概那班客人说了一些挑拨的话，辜鸿铭站起来，把那张《每周评论》折成几叠，向衣袋里一插，正色对我说："密斯忒胡，你在报上毁谤了我，你要在报上向我正式道歉。你若不道歉，我要向法庭控告你。"

我忍不住笑了。我说："辜先生，你说的话是开我玩笑，还是恐吓我？你要是恐吓我，请你先去告状；我要等法庭判决了才向你正式道歉。"我说了，点点头，就走了。

后来他并没有实行他的恐吓。大半年后。有一次他见着我，我说："辜先生，你告我的状子进去了没有?"他正色说："胡先生，我向来看得起你；可是你那段文章实在写得不好!"

一九三五年

辜鸿铭先生轶事

梁实秋

辜鸿铭先生以茶壶譬丈夫，以茶杯譬妻子，故赞成多妻制，诚怪论也。

先生之怪论甚多，常告人以姓辜之故，谓始祖寔为罪犯。又言始祖犯罪，不足引以为羞；若数典忘祖，方属可耻云。

先生深于英国文学之素养。或叩以养成之道，曰：先背熟一部名家著作作根基。又言今人读英文十年，开目仅能阅报，伸纸仅能修函，皆由幼年读一猫一狗式之教科书，是以终其身只有小成。先生极赞成中国私塾教授法，以开蒙未久，即读四书五经，尤须背诵如流水也。

先生之书法，极天真烂漫之致，别字虽不甚多，亦非极少。盖先生生于异国，学于苏格兰，比壮年入张之洞幕，始沉潜于故邦载籍云。

先生好选《诗经》中成句，译英文诗，虽未能天衣无缝，亦颇极传神之妙，惜以古衣冠加于无色民族之身上耳。先生以“情”译 poetry，以“理”译 philosophy，以“事”译 History，以“物”译 Science，以“阴阳”译 Physic，以“五行”译 Chemistry，以“红福”译 Juno，以“清福”译 Minerva，以“艳福”译 Venus，于此可见其融合中外之精神。

先生喜征逐之乐，顾不修边幅，既垂长辫，而枣红袍与天青褂上之油腻，尤可鉴人，粲者立于其前，不需揽镜，即有顾影自怜之乐。先生对于妓者颇有同情，恒操英语白：Prostitude 者，Destitude 也。（意谓卖淫者卖穷也。）

先生多情而不专，夫人在一位以上。尝娶日妇，妇死哭之悲，悼亡之痛，历久不渝。先生尝患贫，顾一闻丐者呼号之声，立即拔关而出，畀以小银币一二枚，勃豀之声，尝因之而起。

先生操多种方言，通几国文字；日之通士，尤敬慕先生，故日本人所办之英文报纸，常发表先生忠君爱国之文字。文中畅引中国经典，滔滔不绝，其引文之长，令人兴喧宾夺主之感，顾趣味弥永，凡读其文者只觉其长，并不觉其臭。

一九二七年七月

辜 鸿 铭

◎ 林语堂

（一）

少时在约翰大学图书馆，读到辜鸿铭著 Papers form a Viceroy’s Yamen，见其文字犀利，好作惊人语，已深喜其矫健。时陈友仁办北京英文日报 Peking Gazette，亦约辜按月撰稿四篇，下课时每阅读二氏之文以为乐。不及一两月，辜即因故脱离不复作，并记得有牢骚文字见于报上。实则辜为人落落寡合，愈援助之人愈挨其骂。若曾借他钱，救他穷困，则尤非旦夕待其批颊不可，盖不如此不足见其倔强也。且辜主人治，陈主法治，思想固不相谋。后老袁称帝，陈在“天威咫尺”之下，直言无隐，力斥其非，总是与辜一般番仔脾气，辜生长槟榔屿，而陈生长西印度 Trinidad 也。二人皆有洋气，有洋气，即有骨气，吾前曾言孙中山亦有洋气，即指此。此种蛮子骨气，江浙人不大懂也。二氏又皆长英文，陈即直头盎格罗撒孙学者，其思想意见毫无中国官僚气味，故与国人亦少能气味相投。孙中山则深得中国博大气质，辜只是狂生，而能深谈儒道精义。辜作中文吾未尝见，若孙中山一手好字，亦可见其相当造诣。辜陈二氏皆者长英文，而实非仅长英文，盖其思想议论，超一人等，故能发挥淋漓，此二氏之文之所以有魄力也。世人言文人，总想到文字，大误特误。试思梁任公《新民丛报》之势力，在其文采乎，抑在其所代表之议论乎？陈独秀、胡适之之文学革命宣传力量，在其文胜过林琴南乎？抑在其所代表之新潮思想乎？有其思想，必有其文字。世之冒冒失失以文言文者亦可以省矣。至于文字，辜陈皆未尝不漂亮，乃执以best English tradition衡之，腊丁名词仍是太多，英国口语仍是太少。二氏又有一相同之点，辜在思想上，陈在政治上，最善大言不惭，替吾国争面子。英人读之而喜，而惊，而敬，故其名亦大。善说Yes，Sir之英文学生，大可不读二氏之书，因道不同，学亦无用也。辜之文，纯为维多利亚中期之文，其所口口声声引据亦Matthew Arnold，Carlye Ruskin诸人，而其文体与Arnold尤近。此由二事可见，（一）好重叠。比如在《春秋大义》一文，有此数句：

We have now found the inspiration the living emo-tion that is in religion, But this inspiration or living emo-tion in relgion is not only found in religion, I meanChurch religion.This inspiration or living emotion is known to everyone who…In fact, this inspiration or living emotion that is in religion is found……This inspiration or living emotion in religion.I say, is found not only in religion.

（二）好用 I say 二字。

（二）

辜鸿铭善诙谐。其诙谐，系半由目空一切，半由好拆字。例如他说："今日世界所以扰攘不安，非由于军人，乃由于大学教授与衙门吏役。大学教授是半受教育，而衙门吏役是不受教育的人，所以治此两种人之病只在——给以真正教育。"其好拆字，可见于将德谟克拉西拼为 demo crazy（德谟疯狂），又在其鄙恶新潮文学文中，将陀斯托斯基拆为 Dosto-Whiskey。在中文上，亦复如此。他解妾字为立女，妾者靠手也（elbow-rest），所以供男人倦时作手靠也。辜曾向二位美国女子作此说。女子驳曰："岂有此理？如此说，女子倦时，又何尝不可将男人作手靠？男人既可多妾多手靠，女子何以不可多夫乎？"言下甚为得意，以为辜辞穷理屈矣。不意辜回答曰："否否。汝曾见一个茶壶配四只茶杯，但世上岂有一个茶杯配四个茶壶者乎？"

实则辜鸿铭之幽默起源于其倔强之本性及其愤世嫉俗之见

解。在举国趋新若骛之时，彼则扬言尊礼；在民国时期，彼偏言尊君，偏留辫子；在崇尚西洋文明之时，彼力斥此西洋文化之非。细读其文，似非无高深见解，或缺诚意，然其持之过甚，乃由愤嫉而来。愤嫉原非坏事，比啖饭遗矢人云亦云者高一层，然试以精神分析言之，亦是一种压迫之反动而已。辜既愤世俗之陋，必出之以过激之辞，然在此过激辞气，便可看出其精神压迫来。想彼原亦只欲替中国人争面子出出气而已。故其言曰："The disorder and confusion in China today is only a functional derangement, whereas the anarchy in Europe and America is really an organic disorder""今日中国变乱病在失调（作用上的）而已。而欧美之无政府状态，乃在残缺（器官上的）。"又曰："中国虽有盗贼贪官污吏，然中国的社会整个是道德的，西洋社会是不道德的。"夫以德化民，以政教民，孔道理论上何尝不动听？西洋法律观念之呆板及武力主义之横行，专恃法律军警以言治，何尝无缺憾？然中国无法治，人治之弊，辜不言，中国虽言好铁不打钉，而盗贼横行，丘八抢城，淫奸妇女，辜亦不言。《春秋大义》诚一篇大好文章，向白人宣孔教，白人或者过五百年后亦可受益，而谓中国不需法治，不需军警，未免掩耳盗铃。因有此种见地，故说来甚是好听，骂人亦甚痛快。其言英人则曰流氓崇拜（指商人之操政治实权），引 Ruskin 之言而詈曰猪 ratsand swine。其言现代民国之中国人，亦曰顽石不灵，神经错乱之民国华人 imbecile, demented Republican Chinaman。一人愤世嫉俗至此，开口骂人，自然痛快。

余谓儒家之弊，正在蔑视法律，以君子治国，殊不知国之中，那里有这许多君子可为部长，为所长，为县长，为校长乎？君子不够分配，而放小人于位，以君子之道待之，国欲不乱，其可得乎？既为君子，则不必监察也，君子横征暴敛，不必得百姓同意，凭其良心可也；君子营私舞弊，不必看其账簿，听其逍遥可也；君子勾结外敌，不必立法院通过，听其自订条约可也。向来中国政治只是一笔糊涂君子帐。君子有德政，则为之竖牌坊；君子犯法，则不拘之下狱。是犹一商人公司，以君子之道待经理，无查账，无报告，卷款亦不追究，此种公司谁敢投资乎？不意辜氏正以此为中国政治哲学之优点。其言曰："中国所以不需宪法，一则因中国人民有廉耻观念——有极高的道德标准，二则因中国政府系创立于道德的基础，而非创立于'商业'的基础。"好听固然好听，然吾甚不愿为此公司股东也。今则不愿为股东，亦非投资不可。

（三）

辜氏个人尊君态度，世人颇欲得一解释。在The Story of a Chinese Oxford Movement文中有一段关系文字，并录于此。

"袁世凯的行为，连盗跖贼徒之廉耻义气且不如。袁世凯原奉命出山以扶清室。既出，乃背忠弃义，投降革命党，百般狡计，使其士兵失了忠君之心，然后拥兵自卫，成为民国总统。……袁世凯不但毁弃中国民族之忠义观念，且并毁弃中国之政教，即中国之文明。

“许多外人笑我痴心忠于清室。但我之忠于清室，非仅忠于吾家世受皇恩之王室——乃忠于中国之政教。即系忠于中国之文明。”

呜呼，辜作洋文，讲儒道，耸动一世，辜亦一怪杰矣。其旷达自喜，睥睨中外，诚近于狂。然能言顾其行，潦倒以终世，较之奴颜婢膝以事权贵者，不亦有人畜之别乎？

忆辜鸿铭

周作人

北大顶古怪的人物，恐怕众口一词的要推辜鸿铭了吧。他是福建闽南人，大概先代是华侨吧，所以他的母亲是西洋人，他生得一副深眼睛高鼻子的洋人相貌，头上一撮黄头毛，却编了一条小辫子，冬天穿枣红宁绸的大袖方马褂，上戴瓜皮小帽；不要说在民国十年前后的北京，就是在前清时代，马路上遇见这样一位小城市里的华装教士似的人物，大家也不免要张大了眼睛看得出神的吧。尤其妙的是那包车的车夫，不知是从哪里乡下去特地找了来的，或者是徐州辫子兵的余留亦未可知，也是一个背拖大辫子的汉子，正同课堂上的主人是好一对，他在红楼的大门外坐在车兜上等着，也不失为车夫队中一个特出的人物。辜鸿铭早年留学英国，在那有名的苏格兰大学毕业，归国后有一时也是断发西装革履，出入于湖广总督衙门。（依据传说如此，真伪待考。）可是后来却不晓得什么缘故变成那一副怪相，满口“春秋大义”，成了十足的保皇派了。但是他似乎只是广泛的主张要皇帝，与实际运动无关，所以洪宪帝制与宣统复辟两回事件里都没有他的关系。他在北大教的是拉丁文等功课，不能发挥他的正统思想，他就随时随地想要找机会发泄。我只在会议上遇到他两次，每次总是如此，有一次是北大开文科教授会讨论功课，各人纷纷发言，蔡校长也站起来预备说话，辜鸿铭一眼看见首先大声说道：“现在请大家听校长的吩咐!”这是他原来的语气，他的精神也就充分的表现在里边了。又有一次是五四运动时，六三事件以后，大概是一九一九年的六月五日左右吧，北大教授在红楼第二层临街的一间教室里开临时会议。除应付事件外有一件是挽留蔡校长，各人照例说了好些话，反正对于挽留是没有什么异议的，问题只是怎么办，打电报呢，还是派代表南下。辜鸿铭也走上讲台，赞成挽留校长，却有他自己的特别理由，他说道：“校长是我们学校的皇帝，所以非得挽留不可。”《新青年》的反帝反封建的朋友们有好些都在坐，但是因为他是赞成挽留蔡校长的，所以也没有人再来和他抬杠。可是他后边的一个人出来说话，却于无意中闹了一个大乱子，也是很好笑的一件事。这位是理教科教授，姓丁，是江苏省人，本来能讲普通话，可是这回他一上讲台去，说了一大串叫人听了难懂，而且又非常难过的单句。那时天气本是炎热，时在下午，又在高楼上一间房里，聚集了许多人，大家已经很是烦躁的了，这丁先生的话是字字可以听得清，可是几乎没有两个字以上连得起来的，只听得他单调的断续的说，我们，今天，今天，我们，北大，北大，我们，如是者约略有一两分钟，不，或者简直只有半分钟也说不定，但是人们仿佛觉得已经很是长久，在热闷的空气中，听了这单调的断续的单语，有如在头顶上滴着屋漏水，实在令人不容易忍受。大家正在焦躁，不知道怎么办才好的时候，忽然的教室的门开了一点，有人伸头进来把刘半农叫了出去。不久就听到刘君在门外顿足大声骂道：“混账!”里边的人都愕然出惊，丁先生以为在骂他，也便匆匆的下了讲台，退回原位去了。这样会议就中途停顿，等到刘半农进来报告，才知道是怎么的一回事，这所骂的当然并不是丁先生，却是法科学长王某，他的名字忘记了，仿佛其中有一个祖字。六三的那一天，北京的中小学生都列队出来讲演，援助五四被捕的学生，北京政府便派军警把这些中小学生一队队的捉了来，都监禁在北大法科校舍内。各方面纷纷援助，赠送食物，北大方面略尽地主之谊，预备茶水食料之类，也就在法科支用了若干款项。这数目记不清楚了，大约也不会多，或者是一二百元吧；北大教授会决定请学校核销此款，归入正式开销之内。可是法科学长不答应，于是事务员跑来找刘半农，因为那时他是教授会的干事负责人，刘君听了不禁发起火来，破口大喝一声。后来大概法科方面也得了着落，而在当时解决了丁先生的纠纷，其功劳实在也是很大的。因为假如没有他这一喝，会场里说不定会要发生严重的结果。看那时的形势，在丁先生一边暂时并无自动停止的意思，而这样地讲下去，听的人又忍受不了，立刻就得有铤而走险的可能。当日刘文典也在场，据他日后对人说，其时若不因了刘半农的一声喝而停止讲话，他就要奔上讲台去，先打一个耳光，随后再叩头谢罪，因为他实在再也忍受不下去了。——关于丁君因说话受窘的事，此外也有些传闻，然而那是属于“正人君子”所谓的“流言”，所以似乎也不值得加以引用了。

记我所知道的槟城和辜鸿铭

◎ 凌淑华

我一向都认为："人杰地灵"也好，"地灵人杰"也好，我们人类，也同植物一样，是与土地永结不解缘的。新近我在槟城小住。觉得"山川灵气所钟"，实有至理，虽是移植过来的植物，也一样为灵气所润泽。以下所记，观察或嫌未是，但是一个诚实的印象，还是值得写下来的。

我知道槟城这个名字，还是因为辜鸿铭曾经告诉我他生在南洋的槟城，这可是多年前的事了。以后听人讲到槟城，我就想起那个二十世纪初期的奇才兼学者，他不但精通六七国语言文字（中、英、德、法、日、梵、马来），能说能写一样的流利，对于东西文学哲学政治研究的渊博透彻，也是前无古人可与颉颃的。远在三十多年前，他住在北京东城一座寒素的四合院房子。每日不知有多少国际名流学者亲造他的"寒舍"（辜说这是炉火不温之谓），听他讽刺讥笑，若不服气，与他辩论，大都逼得面红耳赤，还得赔笑拉手，尽礼而逃。否则那拖着小辫子的老书生绝不肯饶，尤其是对客从西方来的。他的雄辩，势如雨后江河，滔滔流不绝的；若无法截住，它会毫不留情的决堤溃岸，当之者不遭灭顶不得解脱。英国大文豪毛根，日本的芥川龙之介都曾尝过此味。

“这个怪人，谁能跟他比呢！他大概是没出娘胎，就读了书的，他开口老庄孔孟，闭口歌德，福尔泰，阿诺德，罗斯金，没有一件事，他不能引上他们一打的句子来驳你，别瞧那小脑袋，装的书比大英博物院的图书馆还多几册吧？”我曾听一个父执说他听见几个西方学者说过类乎这样的话。难怪那时北京有人说：“庚子赔款以后，若没有一个辜鸿铭支撑国家门面，西方人会把中国人看成连鼻子都不会有的！”

辜鸿铭是我父亲一个老朋友。他那时住在我们家对面一条小街叫椿树胡同的。每隔一两天他就同庆宽伯（即收藏七百丁敬身石印的松月居士），或梁松生伯来我们家聊天吃饭，常到夜深才走。他们谈的话真是广泛，上下古今中外，海阔天空没个完。庆宽伯曾任前清内务府总管三四十年，无论讲到什么，他都可以原原本本，头头是道的讲一大篇。他的收藏也是无所不有，我最喜欢他养的白孔雀及北京小狗，常央求父亲带我去他家。梁松生伯曾经驻节海外多年，他住过的国家，最冷的是俄国，最热的是印度。他口才不若辜伯流利，但是大家争论起来，只须梁伯冷冷地说一句话，辜伯就偃旗息鼓的静下来了。

有一回辜伯不知因为梁伯说了他什么话，他与梁伯同来，未等坐下，即把手中的一本英文书递与我的堂兄，他说，“我要你听听我背的出失乐园背不出。梁伯说我吹牛。孔夫子说过‘当仁不让’，讲到学问，我是主张一分一厘都不该让的。”

说完，他就滔滔不绝的背，我挨着堂兄指着的行看（我的英文那时只认的字母），他真的把上千行的弥尔顿的《失乐园》完全背诵出来。一字没有错。这时他的眼像猫儿眼宝石那样闪耀光彩，望着他，使人佩服得要给他磕一个头。后来似乎他还要背别的书，去堵松生伯的嘴，父亲连忙说好说歹，把话题转移他的阵线方罢。

那时我根本搞不清楚什么是亚洲，什么是欧洲，更不知道还有中东远东了。我有一本《天方夜谭》译本，很喜欢那里的故事，就拉着辜伯问他讲些那地方的故事，我想他一定去过的。辜说没有去过，我就说：

“辜伯伯，我知道你什么国都去过，你想瞒我可不成。”

“我若生在《天方夜谭》那个世界就好了!”辜伯叹口长气，“我可以给他们讲上三千个中国故事呢。”他转头向父亲说。“我正想刻一个图章，同康长素（即康有为）的周游三十六国比一比，看谁的棒！（了不得之意）我要印上我一生的履历，像：生在南洋，学在西洋，婚在东洋，仕在北洋，你看好不好？”

他一面说一面拿桌上的笔写下来。（注：康有为曾将他的曾游三十国的图章，常印在他的字幅上。辜之原配是日本人）

我问他那里是南洋，他告诉我，他是生在南洋的槟榔屿，“那是出产槟榔的小岛，可是有高山，有大海，风景好得很呢。”

过了些时，我读了英文，他对父亲说，“学英文最好像英国人教孩子一样的学，他们从小都学会背诵儿歌，稍大一点就教背诗背圣经，像中国人教孩子背四书五经一样。”

他叫我次日到他家，他要找书教我背。我没有书，他就从他尘封的书架中掏出几本诗集来，第一天就教我背两首。我对背书，向来很快，也许是我们家塾先生训练过我，得了一点背书经验，不一会儿我就会背那两首诗了。辜伯很高兴，叫我把书拿回家，又教我读了三首，要我下次来背。可惜他那里天天有客来访，来的客又常不肯走，我只好耐烦等候。那短短的一年，对我学英文的基础确放了几块扎实的石头；学诗，也多少给我一点健康的启蒙。

也是那时候，梁伯告诉我们辜伯早年曾与世界文豪托尔斯泰通信讨论东西文化，托氏回过他好几封长信，那是很难得的；可惜我那时的英文太浅年纪太幼，信是看见了，一点不懂！

辜伯因我的请求也给我看那个俄国沙皇因他做通译员做得好，格外把一个自用的镶宝石的金表赏赐他。这两件事都是不世的遭遇，都聚集在辜伯一人，在中国那时，只有他一人，有此光荣吧。我是多么后悔当初懂不得读那些信，似乎他的家人也不会珍视这些名贵的遗产，听说他归道山后，家中书物也随子女妻妾四散了!

我到槟城前后，曾打听过一些朋友辜鸿铭出生的地方，想去吊望一下，只是没有人能告诉我。这时我方知道他在槟城的声望，远不如北京，在中国人方面，远不如在西方人方面的隆重。（槟城散记记载辜的文，也微嫌不详）

想到这绝代的学者，（虽留下几本著作）竟尔无声无臭与草木同腐了，心下未免怆然，但想起他说的“槟城，有高山，有大海，风景好得很呢。”清清楚楚的一如昨日，我忽然渴望一游槟城。

……

追忆曾孟朴先生

◎胡　适

我在上海做学生的时代，正是东亚病夫的《孽海花》在《小说林》上陆续刊登的时候，我的哥哥绍之曾对我说这位作者就是曾孟朴先生。

隔了近二十年，我才有认识曾先生的机会，我那时在上海住家，曾先生正在发愿努力翻译法国文学大家嚣俄的戏剧全集。我们见面的次数很少，但他的谦逊虚心，他的奖掖的热心，他的勤奋工作都使我永远不能忘记。

我在民国六年七年之间，曾在《新青年》上和钱玄同先生通讯讨论中国新旧的小说，在那些讨论里我们当然提到《孽海花》，但我曾很老实的批评《孽海花》的短处。十年后我见着曾孟朴先生，他从不曾向我辩护此书，也不曾因此减少他待我的好意。

他对我的好意，和他对于我的文学革命主张的热烈的同情，都曾使我十分感动，他给我的信里曾有这样的话："您本是……国故田园里培养成熟的强苗，在根本上，环境上，看透了文学有改革的必要，独能不顾一切，在遗传的重重罗网里杀出一条血路来，终究得到了多数的同情，引起了青年的狂热。我不佩服你别的，我只佩服你当初这种勇决的精神，比着托尔斯泰弃爵放农身殉主义的精神，有何多让！"这样热烈的同情，从一位自称"时代消磨了色彩的老文人"坦白的表述出来，如何能不使我又感动又感谢呢!

我们知道他这样的热情一部分是因为他要鼓励一个年轻的后辈，大部分是因为他自己也曾发过"文学狂"，也曾发下宏愿要把外国文学的重要作品翻译成中国文，也曾有过"扩大我们文学的旧领域"的雄心。正因为他自己是一个梦想改革中国文学的老文人，所以他对于我们一班少年人都抱着热烈的同情，存着绝大的期望。

我最感谢的一件事是我们的短短交谊居然引起了他写给我的那封六千字的自叙传的长信（《胡适文存三集》，页一一二五——一三八）。在那信里，他叙述他自己从光绪乙未（一八九五）开始学法文，到戊戌（一八九八）认识了陈季同将军，方才知道西洋文学的源流派别和重要作家的杰作。后来他开办了小说林和宏文馆书店，——我那时候每次走过棋盘街，总感觉这个书店的双名有点奇怪，——他告诉我们，他的原意是要

“先就小说上做成个有系统的译述，逐渐推广范围，所以店名定了两个”。他又告诉我们，他曾劝林琴南先生用白话翻译外国的“重要名作”，但林先生听不懂他的劝告，他说：“我在畏卢先生（林纾）身上不能满足我的希望后，从此便不愿和人再谈文学了。”他对于我们的文学革命论十分同情，正是因为我们的主张是比较能够“满足他的希望”的。

但是他的冷眼观察使他对于那个开创时期的新文学“总觉得不十分满足”，他说：“我们在这新辟的文艺之园里巡游了一周，敢说一句话：精致的作品是发现了，只缺少了伟大。”这真是他的老眼无花，一针见血！他指出中国新文艺所以缺乏伟大，不外两个原因：一是懒惰，一是欲速。因为懒惰，所以多数少年作家只肯做那些“用力少而成功易”的小品文和短篇小说。因为欲速，所以他们“一开手便轻蔑了翻译，全力提倡创作”。他很严厉的对我们说：“现在要完成新文学的事业，非力防这两样毛病不可，欲除这两样毛病，非注重翻译不可。”他自己创办真美善书店，用意只是要替中国新文艺补偏救弊，要替它医病，要我们少年人看看他老人家的榜样，不可轻蔑翻译事业，应该努力“把世界已造成的作品，做培养我们创造的源泉”。

我们今日追悼这一位中国新文坛的老先觉，不要忘了他留给我们的遗训!

一九三三年九年十一日夜半在上海新亚饭店

记曾孟朴先生

◎ 郁达夫

当孟朴先生已故的时候。《东南日报》的记者黄萍荪先生，曾来访问过我，已经将先生的身世，约略讲过一遍了；后来看见邵洵美先生在《人言》上，郑君平先生在《新小说》上，各做过一篇关于曾先生的文字；现在在林语堂、陶亢德两先生合编的《宇宙风》上，并且还登载了哲嗣虚白先生自己编撰的一部很详尽的孟朴先生的年谱，要想知道曾先生的一生经过，和著作学问以及任事履历的人，但须去翻读第二三四期的《宇宙风》就对，这里我只想写一点先生和我个人的交谊。

当我迁上杭州来住之先，因为时势与环境的关系，不得不在洋场的上海寄寓，前后计算起来，自民国十五年年底起，一直到二十一年春天止，一共也整整住上了七八年的光景。这一段时间，是中国新书出版业的黄金时代；上海的新书店开得特别的多，而一般爱文学，写稿子的人，也会聚在上海的租界上。本来是商业中心的这一角海港，居然变成了中国新文化的中心地。

洵美他们的金屋书店，开幕了不久，后来又听见说，曾先生父子，也拉集了几多股子，开起真美善书店来了；我当时因为在生病，所以他们开幕的时候请客，终于没有去成。那时候洵美的老家，还在金屋书店对门的花园里；我们空下来，要想找几个人谈谈天，只须上洵美的书斋就成，因为他那里是座上客常满，樽中酒不空的。在洵美他们的座上，我方才认识了围绕在老曾先生左右的一群少壮文学者，像傅彦长、张若谷诸先生。从他们的口里，我于听到了些曾先生的日常起居，与他的老而益壮的从事创作精神之余，还接到了一个口头招请，说曾老先生也很想和我谈谈，教我有空，务必上他家里去走走。这时候，他住在法界的马斯南路，我住在静安寺的近旁，心里虽则也时常在向往，但终因懒惰不过，容易发不起上法界去的心，所以当真美善开后的一年之中，还没有和他见一面的缘分。

后来，书业衰落了，金屋书店因蚀本而关了门。真美善也岌岌乎有不可终日之势，曾老先生把家迁移了，迁住到了离我的寓舍不远的静安寺路犹太花园对面的一处松寿里中。

记得是一天初冬的晚上，天气很寒冷，洵美他们在我们家里吃饭。吃过饭后，没地方去走，洵美就提出了去看曾先生的建议。上了洵美的车一拐弯，不到三分钟的时光，就到了曾先生的住宅了，他们还正在那里吃晚饭。

孟朴先生的风度，实在清丽得可爱；虽则年龄和我相差二十多岁，虽则嘴上的一排胡子也有点灰了，但谈话的精神的矍铄，目光神采的奂奕，躯干的高而不曲，真令我这一个未老先衰的中年小子，感到了满面的羞惭。先生的体格，原是清癯的，那时候据说还在害胃病，但是他的那一种丰采，却毫没有一点病后的衰容。

我们有时躺着，有时坐起，一面谈，一面也抽烟，吃水果，喝酽茶。从法国浪漫主义各作家谈起，谈到了《孽海花》的本事，谈到了先生少年时候的放浪的经历，谈到了陈季同将军，谈到了钱蒙叟与杨爱的身世以及虞山的红豆树；更谈到了中国人的生活习惯，和个人的享乐的程度与限界。先生的那一种常熟口音的普通话，那一种流水似的语调，那一种对于无论哪一件事情的丰富的知识与判断，真叫人听一辈子也不会听厌；我们在那一天晚上，简直忘记了时间；忘记了窗外的寒风，忘记了各人还想去干的事情，一直坐下来坐到了夜半，才走下他的那一间厢楼，走上了回家的归路。

自从这一次见面之后，曾先生的印象，便永远新鲜活泼地印入了我的脑里；后来他与虚白先生合译的那本《肉与死》出版了，当印出的那一天，我就得到了一册赠送本；这一本三百多页的大著，因为是曾先生所竭力推荐的作品，书到的晚上，我一晚不睡，直读到了早晨的八点。

先生的忏悔录的《鲁男子》，因为全书的计划很大，到现在也仍还是一部未完的大作品；我在当时正想翻读的当儿，又因一转念，等出完了之后再读不迟，终于搁了下来。事后追想起来，何以那时候会偷懒到这一个地步，不于曾先生的生前，精读一下他这部晚年的巨著，当面去和他讨论讨论？现在虽则悔恨到了万分，可已经是驴鸣空吊，无补于实际了。

曾先生所特有的一种爱娇，是当人在他面前谈起他自己的译著的时候的那一脸欢笑。脸上的线条，当他微笑的时候，表现得十分的温和，十分的柔热，使在他面前的人，都能够从他的笑里，感受到一种说不出的像春风似的慰抚。有一次记得是张若谷先生，提起了他的《鲁男子》里的某一节记叙，先生就露现了这一种笑容；当时在他左右的人，大约都不曾注意及此，我从侧面，看见了他的这一脸笑，觉得立时就掉入了别一个世界，觉得他的笑眼里的光芒，是能于夏日发放清风，暗夜散播光明似的；这一种感想，我不知道别人的是不是和我的一样。

二十年的春天，是老太夫人八十，曾先生六十的寿辰，同时也是他第三位公子新婚的日子；上海的一批朋友，大家是约好去常熟拜寿道喜的，我因为不在上海，终于错过了这一次游常熟的机会。等洵美他们回来之后，大家说起这一次常熟之游，还是谈得津津有味，对我说：“可惜只缺少了你们夫妇的同行，曾老先生是十分希望你们去的。”这一回喜事过后，曾先生的身体，似乎就不十分康健了；其后真美善也闭了店，先生的踪迹，只在苏州常熟的两处养病闲居，不常到上海来了，这中间我并且又迁到了杭州；嗣后一直到接先生的讣报为止，终于没有第二次再见先生一次面的机遇。不过现在虽和先生的灵榇远隔千里，我只教闭上眼睛，一想起先生，先生的柔和的风貌，还很鲜明地印在我的眼帘之上。中国新旧文学交替时代的这一道大桥梁，中国二十世纪所产生的诸新文学家中的这一位最大的先驱者，我想他的形象，将长留在后世的文学爱好者的脑里，和在生前见过他的我的脑里一样。

我的康有为

周越然

近来在定期刊物上，常常看见许多名作家，记述康有为的“故事”。我颇觉手痒，也来一篇。不过我所讲的，与他们不同。我所讲的，不完全依赖参考书；其中一部分与我有人对人的直接关系。是故本篇半含传记性，并含轶事性。

我先讲初次和他见面的情形：

那是民国三年吧——我已记不清楚了。吴淞中国公学开秋季运动会，大大招待洋场（租界）名流。我因为在该校当教师，所以也在被邀之列。午后一二时，我与内子同往，步上月台，见朱少屏先生在车窗中观望。他大喊“好乐，好乐，”并招呼我们道：“来来！到此地来!”

我们进了车，刚想坐下时，朱先生道：“周君，周夫人，我来介绍。那位就是鼎鼎大名，全世皆知的康圣人，康有为先生。”我们先对康先生鞠躬，然后徐徐坐定。我的内人，虽然进过学校，念过好几年书，对于戊戌党人，她不大知道。她暗暗将我一推，又默默问我道：“什么空摇会——空摇会？我们是不是去看运动会？坐在朱先生旁边的那个老头子，相貌很滑稽。到底他是什么人？”我道：“轻些！你这样没规矩。”说毕后，我即增高我的声音且一本正经地告诉她道：“这位老先生是改革大家。他是戊戌年最重要钓人物。他姓康，大名叫做有为。他曾经周游天下大小各国。他的学问是最顶呱呱的——经学好，文章也好。你年岁小，程度低，所以一些都不知道。今天偶然遇见这位老先生，你真大幸呀！不过我同康先生也是第一次见面。我也大幸啊。”我讲完之后，康先生与我的内人大大寒暄，问籍贯，问年岁，问有几个孩子，……用的是道地广东官话。我想同康先生谈天，但是没有题目。然而不开口似乎不好，故勉强插嘴问道：“康先生，近来身体很健？……平常作什么消遣？”

真的，同康先生闲谈确实不容易。他的学问太广博了；经史子集，佛耶教语，声光化电，无所不明，亦无所不通。他著的书有（一）《新学伪经考》，（二）《孔子改制考》，（三）《大同书》，（四）《董子春秋学》，（五）《日本明治变法考》，（六）《俄大彼得变政制强考》，（七）《突厥守旧削弱记》，（八）《波兰分灭记》，（九）《法国革命记》。此外还有《七次上书》。同他讲话，应当用什么题目？

康先生最重要的著作是《新学伪经考》。他的主旨可简述如下：

“新学”是刘歆帮助王莽篡汉之学。“伪经”指周礼，逸礼，左传，及诗之毛传而言。康考称“西汉经学并无所谓古文”者；凡古文皆歆伪作（一）。秦焚书，并未厄及六经。汉十四年博士所传，皆孔门足本（二）。孔子时所用字，皆秦汉间篆书。即以文论，亦绝无今古之目（三）。刘歆欲弥缝其作伪之迹，故校中秘书时，于一切古书，多所羼改（四）。刘歆所以作伪经之故，因欲佐莽篡汉，先谋泅乱孔子之微言大义(五)。康考又称：“凡六经皆孔子所作。昔人言孔子‘述而不作’者误也。孔子盖自立一宗旨，而凭之以进退古人，取去古籍。孔子改制，恒托于古。尧舜，孔子所托也。其人有无不可知；即有，亦至寻常。经典中尧舜之盛德大业，皆孔子理想所构成也。”

即此，已足见康先生学问之深，思想之高了。但他的为人究竟怎样呢？让我先来讲他的家世，教育，“功名”等事：

康先生，原名祖诒（亦作祖彝)，字广厦，号长素，广东南海人。他是赞修之孙，达初之子，雄飞之侄。他的父亲早卒；最初教他念书的，是他的祖父。他七岁就能做文章。到了十八岁，他从朱次琦为师。次琦深于经术，以经世致用为主。康先生应试乙未（清光绪二十一年，即公历一八九五年)，得进士，授职工部主事。自是四年之间凡七上书，皆言变法自强；其题目为（一）立制度，（二）新政局，（三）练民兵，（四）开铁路，（五）借外债。他在未通籍以前（光绪十七年辛卯），设学堂——万木草堂——于长兴里。他的学纲有四：（一）志于道，（二）据于德，（三）依于仁，（四）游于艺。他的学目亦有四：（一）义理之学，（二）考据之学，（三）经世之学，（四）文章之学。此外另有（一）演说，（二）札记（行于校内），（三）体操，（四）游历（行于校外）。当时听讲而后来成大名的弟子是梁任公（启超）。康先生成进士后，住北京上斜街，仍用“万木草堂”四字称他的屋子。他又设强学会，开保国会。王伯恭（锡鬯）在他著的《蜷庐笔记》中云，“……虚声所播，圣主（即德宗）亦颇闻之，将为不次之擢。常熟（即翁同和）窃窥上意，因具折力保，谓‘康有为之才，实胜臣十倍’。既又虑其人他日或有越轨，乃又加‘人之心术，能否初终异辙，臣亦未敢深知’等语”。惟据光绪二十四年四月七日“翁文恭日记”自记，则王氏云云，全非事实。翁记照录如下：

“上命索有为所进书。臣对：与康不往来。上问：何也？对：以此人居心叵测。曰：前此何以不说？对：近见其‘孔子改制考’知之。次日上又问康书；发怒，诘责。臣对：传统署令进上。不允；必欲臣诣张荫桓传知。臣曰：张某日日进见，何不面谕？

仍不允。退乃传知张君……”

清光绪二十四年四月二十四日，德宗下诏改革旧制。二十八日召见康有为，又以有为言，擢内阁候补侍读杨锐，刑部候补主事刘光第，内阁候补中书林旭，江苏候补知府谭嗣同，均着赏四品卿衔，在军机章京上行走，参与新政事宜。于是废八股，开学堂，汰冗员，广言路。在京中的大臣，各不自安，日夜设法巴结太后，倾倒德宗。等到太后临朝训政——那完了；捕的捕，杀的杀，逃的逃了。杨深秀，谭嗣同，林旭，杨锐，刘光第，康广仁都牺牲了。康圣人亡命海外十六年，遍游三十国，同时纠合中外同志，设立保皇会。叶昌炽在他的《督学庐日记》中云，“闻康梁在长江一带，勾结会匪。其所散之票，一名‘富有’，一名‘贵有’，不啻自写供状矣”（光绪二十六年十月二十八日）。

翁叶两氏对于康圣人，都无好感；先伯父小帆公（讳兆祎当时供职刑部；对他也无称许之词。我把先伯父当年写与我们两弟兄的信抄出来给大众看：

“……四月廿八日皇上召见康有为后，言听计从，力主变法，而康有为系粤东人，不过一工部主事，性本狂妄，功名心又热。结党数十人，以讲学为名；梁启超其大弟子也。在上海立保国会，被诱入会者已有数百人。来京后，交结言官，干谒当轴，皆其同乡张荫桓（户部侍郎）为之引荐。今春会试，于公事云集之时——其初次开堂讲学，即在南海会馆，听讲者三百数十人。许应骙（广东人礼部尚书）恐其闹事，当即驱逐。二次开讲，移在嵩云草堂，听讲之人尚二百有余，又被潘庆澜(监察御史）劾逐。讵意康有为正各处辞行之时，而徐致靖（翰林院侍读学士）已荐章早上矣！召对之下，竟敢蛊惑君心。由是私进内廷，汲引同党，诡计百出，逆谋渐成。所最可恨者，兵围颐和园，劫制皇太后，与改国号，易夷服，于八月初八日与十三日次第举行， 已有定议矣。若非事机暗泄，皇太后回銮亲政，则此日之京城，其被祸之酷，可不言而喻。现除正法者六人，发新疆者二人，永远监禁者一人，内监刑毙者四人外，而首逆康有为，从逆梁启超，俱尚在逃，传闻潜匿外洋。虽庇匪有人，勾捕不易，而一身作孽，株累多人，想天网必不令终漏也。前此裁衙门，裁官缺，以及废八股，设立大小学堂，皆非朝廷本意。今诸事复旧，考试仍用四书文，均已明奉谕旨。从此当各理旧业以图进取。

……”

康先生对于书法，曾经下过苦工，所以极精极雅。他在未成进士以前，偶游厂肆，得汉魏六朝唐宋碑板数百种；从容玩习，学成了富多古代风的体裁。前几天我在古董铺里购得他的亲笔便条两纸，都是写给“陶公”的。“陶公”是尊称；受信人实在是广东人，姓郑，名观应，号陶斋，嗜作诗文，著有《盛世危言》（续），清末民初曾任上海招商局总办多年。我今把康先生致郑陶斋的两个便条影印出来，以见他书法之美：

（一）

此便条中所说之“图”，不知为何种形状。惜康先生没有把全名写出来！受信人郑陶斋患咳病，终年不断——这是友人告诉我的。出信人签名“有为”二字，甚不易读。

书法（略）

（二）

此便条上出信人不具名，但一见即知为康先生的笔墨。任公就是梁启超；他的老太爷号莲涧，我看了此条才知道。郑陶斋的联，想必不甚“佳”，也不甚“巧”；所以康先生一方面称赞他，另一方面暗暗劝他不要送。

× × ×

最末，我再讲一个我和康先生对话的故事：

除民三在火车中和康先生交谈外，我在民九、十时又曾见他一次；地点：在浙江杭州。

那是更加奇巧了，更加突然了。我同二、三友人共游西湖。我们不顾“三七二十一”地东闯西闯，不论庙宇或别墅，都要进去。

一日下午，我们在某山上——其名已忘——见一所半新半旧，很精致的小洋房。我们不知道那就是康先生的别墅。他的长玻璃门是关的。我捏持了引手推了几推，又在玻璃上敲了数响。里面高声问道：“那一个？那个打门？”我先不声不响地站在门外，后又推了几推。那里面、的人似乎有些儿发火了，就大步而来开门。他面貌上好像要责备我们——他就是康圣人呀！他见了我，迟迟疑疑地说道：“面很熟，很熟。你是那一位!”我呆住了，……但是马上想到六、七年前火车一亡的事，就此深深一鞠躬，口称：“康先生，多年不见了。我知道你在此，所以专诚奉访。康先生，你身体好么？我们在上海见过好多次呀！你不老，你真不老啊？”他道：“好，好。请进来坐。你的朋友也进来。——来，来！倒茶。”

记梁任公先生的一次演讲

梁实秋

梁任公先生晚年不谈政治，专心学术。大约在一九二一年左右，清华学校请他作第一次的演讲，题目是《中国韵文里表现的情感》。我很幸运地有机会听到这一篇动人的演讲。那时候的青年学子，对梁任公先生怀着无限的景仰，倒不是因为他是戊戌政变的主角，也不是因为他是云南起义的策划者，实在是因为他的学术文章对于青年确有启迪领导的作用。过去也有不少显宦，以及叱咤风云的人物，莅校讲话。但是他们没有能留下深刻的印象。

任公先生的这一篇讲演稿，后来收在饮冰室文集里。他的讲演是预先写好的，整整齐齐地写在宽大的宣纸制的稿纸上面，他的书法很是秀丽，用浓墨写在宣纸上，十分美观。但是读他这篇文章和听他这篇讲演，那趣味相差很多，犹之乎读剧本与看戏之迥乎不同。

我记得清清楚楚，在一个风和日丽的下午，高等科楼上大教堂里坐满了听众，随后走进了一位短小精悍秃头顶宽下巴的人物，穿着肥大的长袍，步履稳健，风神潇洒，左右顾盼，光芒四射，这就是梁任公先生。

他走上讲台，打开他的讲稿，眼光向下面一扫，然后是他的极简短的开场白，一共只有两句，头一句是："启超没有什么学问——，"眼睛向上一翻，轻轻点一下头："可是也有一点喽!"这样谦逊同时又这样自负的话是很难得听到的。他的广东官话是很够标准的，距离国语甚远，但是他的声音沉着而有力，有时又是洪亮而激元，所以我们还是能听懂他的每一字，我们甚至想如果他说标准国语其效果可能反要差一些。

我记得他开头讲一首古诗，箜篌引：

公无渡河。

公竟渡河！

渡河而死，

其奈公何！

这四句十六字，经他一朗诵，再经他一解释，活画出一出悲剧，其中有起承转合，有情节，有背景，有人物，有情感。我在听先生这篇讲演后约二十余年，偶然获得机缘在茅津渡候船渡河。但见黄沙弥漫，黄流滚滚，景象苍茫，不禁哀从中来，顿时忆起先生讲的这首古诗。

先生博闻强记，在笔写的讲稿之外，随时引证许多作品，大部分他都能背诵得出。有时候，他背诵到酣畅处，忽然记不起下文，他便用手指敲打他的秃头，敲几下之后，记忆力便又畅通，成本大套地背诵下去了。他敲头的时候，我们屏息以待，他记起来的时候，我们也跟着他欢喜。

先生的讲演，到紧张处，便成为表演。他真是手之舞足之蹈，有时掩面，有时顿足，有时狂笑，有时叹息。听他讲到他最喜爱的“桃花扇”，讲到“高皇帝，在九天，不管……”那一段，他悲从中来，竟痛哭流涕而不能、自己。他掏出手巾拭泪，听讲的人不知有几多也泪下沾巾了！又听他讲杜氏讲到“剑外忽传收蓟北，初闻涕泪满衣裳……”，先生又真是于涕泗交流之中张口大笑了。

这一篇讲演分三次讲完，每次讲过，先生大汗淋漓，状极愉快。听过这讲演的人，除了当时所受的感动之外，不少人从此对于中国文学发生了强烈的爱好。先生尝自谓“笔锋常带情感”，其实先生在言谈讲演之中所带的情感不知要更强烈多少倍!

有学问，有文采，有热心肠的学者，求之当世能有几人？于是我想起了从前的一段经历，笔而记之。

吴稚晖先生

◎ 陈西滢

自从孤桐先生下台之后，《甲寅》虽然还没有恢复十年前的精神，也渐渐的有了生气了。可见做时事文章的人，官实在是做不得的，至少做了官还是不论时事的好。自然有些“土匪”不妨同时做官僚，官僚也同时可以做“青年叛徒的领袖”，可是这也得需要特别的天才，不是人人能干的事业。总之，孤桐先生还没有这样的才具。所以他的复活的《甲寅》实在没有多大的意思。近来可渐渐的不同了，时评和论文里的讽趣，好像一阵新鲜的空气，把《甲寅》吹得有些苏醒了。

第二十七号里有一篇《再答稚晖先生》，里面评论吴老先生的话，我觉得特别有意思。有一段道（为省事起见，恕不翻译为白话了）：

前清壬寅，先生被辱于日本，愤而自沉。自署

“其言也善”之小包封内，有词一章，其警句曰：

“信之以死，明不做贼，以尸为谏，怀忧曲突。孔曰‘成仁’，孟曰 ‘取义’。诸公努力，仆终不死！”

这一段故事是许多崇拜吴先生的人都不知道的。孤桐先生说这是儒者的真精神，在仓促授命之际，自然而然的“集于胸中，奔于腕下，是乃真经生真文人之受用处。”他的话也许是对的，不过要用这话来做中国书不可不读的理由，我们却不敢赞同了。你想，读中国书的人那样的多，这样的“真经生，真文人”还不是在中国同外国一样的难找？

孤桐先生的断语：“吴稚晖者，一言行不相顾之人。”我们实在很难否认。他说道：

“而后习为开放，口不择言，与诸位少年角逐，有宏奖而无督责，意在姑为破坏，徐图建设，诚随在以、线装书抛入毛坑之精神行之。而先生秉尚贞悫，为世硕果，组袍不耻，一介不取，兢兢业业，目不暇给，外和内方，猝然儒者，其不沾染毫毛时下恶习，假‘无政府党，共产党，革命党，新文化运动家’名以自欺欺世，仍三十年如一日也。此三十年中，半瓶醋之西学家，领约卡拉，口衔雪茄，《新民丛报》第一期所长吟而曲讽者，不知葬送几许青年，而吴稚晖光焰如故也。以余所知，先生又不独律己为然也，其持家教子，率以传说的严气正性之道施之，起居小节，都不少假借。是何也？宁得曰，此亦‘岂有此理’者也。”总而言之，吴先生乃一极旧式之新学家也。

这一段，有许多话都搔到了痒处，言行不相顾本没有多大稀罕，世界上多的是这样的人。讲革命的做官僚，讲言论自由的烧报馆，讲平民生活的住别墅，坐汽车，讲男女平权的娶姨太太，买了丫头。吴先生也同样的言行不相顾，可是他与别人是相反的。他提倡的是物质文明，他赞成的是房屋愈宽敞，陈设愈奢华，电灯愈亮，汽车愈多，愈好。可是他自己呢，冬天穿一件老棉袍，夏天早晨睡在向阳的一间小房里，头上盖两张报红，避免苍蝇的烦扰，每餐自已煮些白菜白饭，出门往往在朔风或烈日底下从东城走到西城再回去。他的家庭也同样的刻苦简单。他自己也说过：“我的脑筋极新，我的手段极旧。”我们觉得极旧的不单是手段。实在极新的只是他的外表，他的内心还极旧。要是这句话还不能表示实在的情形，那么我们只好采用心理学的名词，说他的意识极新，下意识极旧，意识只是西洋的物质主义者，下意识却是纯粹中国的儒者。

最初，我们虽然十二分的佩服吴先生的道德，我们觉得他未免太过了。我们说他提倡的是物质文明，自己的起居饮食都反物质文明，同那些提倡精神生活，自己的行事却反精神生活的，一样的不足法。可是现在知道这话只可以在各种事业已经上轨道的国里说，在今日的中国，几乎每天可以看见有用的青年，葬送在物质文明的里面，才知道吴先生的光焰长新自有他的理由了。

然而，从另一方面看来，像吴先生那样“言行相顾”的也实在少得很，说劳工神圣的人多了，高谈平等的人也多了，可是谁不是坐在洋车上，用手杖连连的打那车夫，说：“还不赶快跑，我要来不及到劳动纪念去演说了”那一类的人呢？我只见吴老先生真有那样的精神。他轻易不肯坐洋车。一个听差提了开壶进屋道：“脸水来了，吴先生。”吴先生答道：“已经用过了，王先生。”

孤桐先生说吴先生“制为铁律，以示进化历程：民与官斗者民胜；子与父斗者子胜；学生与教习斗者学生胜。”实在不足以尽吴先生的信条。他还得加几句道：“民与官斗者民应当胜；子与父斗者子应当胜；学生与教习斗者学生应当胜。”孤桐先生又接着说：“其或己与己派为官为父为教习，其中国所留和调升降之地，虽亦有之，不甚惜也。”这几句显得他还没有认得清楚吴先生。三年以前，吴先生在里昂，中法大学的学生一部分为了膳宿费事闹风潮。吴先生和副校长褚民谊先生都受很大的污辱。那时学生们所列吴先生的罪状，与我们现在平常所见的一般校长的罪状相比，还凶得多。大约三年前的京沪各报还留下纪念吧。吴先生那时很生气，很失望，同褚先生离开了里昂。这是他自己的经验。我那时也在里昂，目睹一切。我以前在英德遇见五四的许多领袖，因此对于中国的青年怀了极大的希望，可是见了这次风潮，便发现了闹风潮不一定完全是学生对。吴先生可不然了。他尽管在私人谈话时候也可能痛骂学生，可是一到作文演说，他总是用他自已的话“硬硬头皮的说学生对。”所以他的“章行严何人，足言整顿教育乎？足言解散女师大乎？若蔡孑民斯可矣。”也不过说说罢了。要是真的蔡先生做了官，再说什么整顿教育，他老先生恐怕还是不免要反对的!

这一层，我们也能够了解和钦佩。可是我们总觉得吴先生是现在青年们数一数二的领袖，只他的话青年们还肯听，他应当立在群众的前面，不宜跟了群众走，他应当处在指导的地位，不宜除了提倡工艺和科学的精神外，什么事都让它自己去。

孤桐先生又论吴先生的文章，也很有趣：

先生近用讲话体为文，纵笔所之，辄数万言。其貌与黄口小儿所作若同，而其神则非读破几百卷书者，不能道得只字。此先生将曰：“狗屁狗屁，真正岂有此理矣云?”则乡人有藏银三十两，而扃焉者，畏为盗窃，因大书于外曰：“此处无银三十两!”先生之为，亦此三十两焉耳矣! ……式可万殊，文理一致。愈自晦曰：“没字碑，”其字愈显；愈自异曰：“不带鸟气，”其“鸟”尤数飞无已。故凡读吴稚晖之文，轻轻放过，不审其所号投于毛厕之旧书，曾一一刻画在脑筋里可隐可见，虽百洗而不可磨者，直无目者也。

钮惕生先生在伦敦到某图书馆的阅览室，他问同行的人道："三年的工夫，能不能把那些书统统读一遍？"他接着说他同稚晖先生在南菁书院的时候，一年之内把所有的书都看了一遍。这自然是吴先生三十岁以前的事。三十以后，虽然同南洋公学的陈颂平先生相约不读线装书，可是他近十年随便涉览和参考的汉文书籍至少总可以抵得三四个区区的毕生所读的线装书吧？

提起笔来，本打算好好的讨论线装书和白话文这个问题，可是刚要入题，地位已经没有了，收稿的也上门了的，就此打住吧。

一个刘姥姥的话

曹聚仁

中国文坛掌故，一部十七史，千头万绪，也不知从何说起。恰好有一个自称刘姥姥的吴稚晖先生，那时候尚未进入大观园，爱和朋友们在瓜棚豆架下瞎嚼嘴，也就借他的口吻，开起场面来。

吴先生照例是把我们拖到一家小茶馆，挤在一群泥脚的朋友堆里，上天下地，无所不谈的。他是江苏常州人；常州在满清这一代，产生了三种特殊人才，一种是法理名家，和浙江绍兴齐名的师爷；又一种是理财专家，或为现代中国银行界的重镇；又一种则是阳湖古文家，陶熔经史，局面比桐城派开展的古文异军。吴先生乃是阳湖派的异军，他兼有刑名家之长，而气势过之。他自已曾说："三十岁以前，也曾从经生想到文人，也想将来过了六十，到孔老二删诗书、定礼乐之年，在词林文人里头有一席位置。乃三十岁的六月，住在北京官菜园上街镇江会馆，有位丹阳朋友乘我出门，在我桌上放一条纸规我曰：‘学剑不成，学书不成，勇而无刚，朝史暮经。三十之年，胡乱混混。’我看了很懊丧。晚上读曹植与杨修书，他说：‘昔杨子云先朝执戟之臣耳，犹称壮夫不为也。吾虽德薄，位为蕃侯，庶几戮力上国，流惠下民，建永世之业，留金石之功。岂徒以翰墨为勋绩，辞赋为君子哉!’就想扔了那牢什子的文史，还是学剑。到明年，还到家乡，在小书摊上得到一部《岂有此理》（即《何典》），他开头便说‘放屁放屁，真正岂有此理’，忽然大彻大悟，决计薄文人而不为。偶涉笔，即以‘放屁放屁，真正岂有此理’之精神行之。再过一年，在南洋公学，有位陈先生，复相约投中国书于茅厕，从此不看中国书。到如今，几乎成了没字碑，然身上不带鸟气，不致误认我为文人，这是很自负的。”

吴先生薄文人而不为，他心目中的文人，都是中了八股的余毒，抹消了自己的头脑，事替别人做应声虫，所谓代圣人立言的。他老先生眼见土八股完了，洋八股便来了；革命八股之后，便是党八股；所以，他要和姓陈的朋友相约不读中国书。他看见章太炎先生在上海讲国学，对我大大地叹气。他说：“国故这东西，和小脚、鸦片、八股文一样，都是害人不浅的。非再把它丢在茅厕里三十年不可。现今鼓吹成一个干燥无味的物质文明，人家用机关枪打来，我也用机关枪对打，把中国站住了，再整理什么国故毫不嫌迟。”我们和他说阳湖派的古文，他就根本否认自己是文人，他写给我一封长信，一开头就说：“文学不死，大乱不止。”他说他的文体，乃是以“放屁放屁，真正岂有此理”之精神行之的。这部坊间小说——《何典》，乃是一部敢于在孔老二的神位前翻斤斗的奇书；作者的见解，能否跳出儒者思想的掌心，又作别论。他的笔法，乃是糅合俗语与经典，村言与辞赋为一炉的创格。其中有一节写雌鬼与雄鬼睡在一枕，上一句是“肉面贴着肉面”，十分村俗，下一句是“风光摇曳，别有不同”，却又非常典雅。吴先生自己所谓放屁文学，也就是敢于运用最村俗的粗话，如“口宽债紧”一类的名句，而六经皆要注脚，“下体鸡脚之辞，比诸黄绢幼妇之妙”，替白话文学开出最宽阔的门庭。他毕竟还是阳湖派古文的嫡传宗派，其得力于子史以及说部，而敢于对孔老二翻斤斗的，真有了《何典》的“放屁”精神。

吴老先生，从清末以来，一直是国语运动的领导者，一九一三年，主持读音统一会，审订了注音符号，到后来提倡拼音文字；他说国语文学，那还是士大夫所穿的皮鞋，为了一般种田人着想，用国音符号拼方音，那才是走泥路的草鞋。他是一个最了解民间文学的新文学家，他叫我不要让别人牵着鼻子走，他是东方的伏尔泰。

吴稚晖的语文见解，可以说是比时人都进一步；但是，他的文体，还是半文半白的白话文；他自己那么运用自如，不留斧凿的痕迹，是一件事；而“学我者病”’很多人写成了一种非驴非马的白话文，又是一件事。有一回，胡适之写信给《现代评论》的浩徐先生谈到这一问题（浩徐曾于《主客》答问中，说到非驴非马的白话文，乃是整理国故的一种恶影响。）说：“今日的半文半白的白话文，有三种来源：第一是做惯古文的人，改做白话，往往不能脱胎换骨，所以弄成半古半今的文体。梁任公先生的白话文，属于这一类，我的白话文有时候也不能免这种现状。缠小了的脚，骨头断了，不容易改成天足，只好塞点棉花，总算是提倡大脚的一番苦心。第二是有意夹点古文调子，添点风趣，加点滑稽意味。吴稚晖先生的文章，有时是有意开玩笑的。鲁迅先生的文章，有时是故意学日本人做汉文的文体，大概是打趣《顺天时报》派的，如他的小说史自序。钱玄同先生是这两方面都有一点的；他极赏识吴稚晖的文章，又极赏识鲁迅兄弟，所以他做的文章也往往走上这一条路。第三是学时髦的不长进的少年，他们本没有什么自觉的主张，随笔乱写，既可省做文章的工力，又可以借吴老先生做幌子，由他们去自生自灭罢。大概我们这一辈半途出身的作者，都不是做纯粹国语文学的人；新文学的创造者，应该出在我们的儿女的一辈里，他们是‘正途出身’的；国语是他们的第一语言，他们大概可以避免我们这一辈人的缺点了。”

冷眼看去，文学革命时期的前驱战士，他们在文体解放上的成就，远不如他们在思想解放上的深远广大；吴稚晖也和其他前驱的思想家一般，新文学运动乃是新文化运动的一面；他絮絮说教，所说的乃是器械推进文明的大义。他说：“人之所以尤近于禽兽者何在乎？即以其前之两足发展为两手，所作之工愈备，其生事愈备，凡可以善生类之群，补自然之缺者愈周也。”他认为人是制器的动物，器械愈备，文明愈高，科学愈进步，道德愈进步。总括言之，世界的进步只随品物而进步；科学便是备物最有力的新法。他很明白地说：“我是坚信精神离不了物质。我信物质文明愈进步，品物愈备，人类的合一愈有倾向，复杂的疑难亦愈易解决。”他是彻头彻尾的唯物论者，“开除了上帝的名额，放逐了精神元素的灵魂!”（他所以主张白话文拼音文字，也因为旧时士大夫在文言、经典中消耗时间与精神，太妨碍了物质文明的进步。）

吴稚晖先生曾经向朋友们建议，只要化半只金表的钱（他的朋友，挂了一只金表，值四十金镑，半只金表，那便是二十镑的小数目。）那就可以大大作为一下。在有余的书房中，安设一小小的工作所，中间放一白木坚牢的长桌，桌上固定了一副老虎铁钳；白木抽屉中，大小锉刀五六把，截铁锯子大小两面，钻铁手钻一具，可钻四分之一英寸的孔眼，量尺比例尺等各一具，刮刀、定心针；手钳、制螺丝器等随时走过旧货摊或五金店时，陆续添购。又于白木桌旁，安设白木长板凳一条，凳头固定鱼尾木叉，为刨木凿孔等固着作物所用。室隅放一白木小橱，橱中安放木凿、小斧、木锉、木锤、刨子等。橱上壁间，悬挂木锯三条，手摇木钻大小两个，室之又一隅，备一车木之床，其余如制造镜架的截角器，雕刻小模型的各式凿刀等等，亦可随时添入。照他的说法，这样的书房，较之备小堂画一幅，泥金笺对一副，小挂屏八条，霁红花瓶一个，小炕床一张，书椅茶几六事，有意义得多了。他希望社会上改变风气，不崇古而尊今，不尚文而重工，书房都变成工作所，客来请在工作板凳上讲话，那么中国就会有希望了。

到了一九二七年，这位刘姥姥进到大观园去了。她是史太君面前的贵宾，和王夫人、王熙凤的娘家攀了一点远亲。照她的说法，大观园这一家人家，除了门口那对石狮子，其余就很少干净的了。从一九二七年以后三十年间，吴稚晖一直没和国民党脱离过关系，他虽是闲居在鸡肋式的监察委员的虚位上，却与闻了国民政府的最高决策。在蒋介石面前，虽不一定言听计从，却要算是处于师友之间，可以直入内室而不必通报的一个人。胡适之说："近八十年来，国内学者大都是受生计的压迫，或政治的影响，都不能有彻底思想的机会。吴先生自己能过很刻苦的生活，应酬绝少，故能把一些大问题细细想过，寻出一些比较有系统的答案。在近年的中国思想家中，以我个人所知而论，他要算是很能彻底的了。"胡先生的话，还是该打很大的折扣的，吴先生毕竟受了蒋介石的牵累，投入国共斗争漩涡中，以至于丢开社会主义的立场，迁就权势所迫成的现实的。不过，他的哲学观点和文学观点，还是发挥他的独到的见解，并不由于在大观园里兜圈子而有所改变的。他说："宗教皆创自阿拉伯民族，印度亦受其影响，故一为神秘，一为虚玄，简直是半人半鬼的民族。所以什么佛、什么妖、神、上帝，好像皆是《西游记》、《封神榜》中人物；其实他们的圣贤，皆懒惰邋遢，专说玄妙空话，所以他们的总和，道德最劣。最相宜的，请他讲人死观。""中国在古代，最特色处，实是一老实农民，没有多大空想。他们是安分守己，茹苦耐劳，惟出了几个孔丘孟轲等，始放大了胆，像要做都邑人，所以勉强成功一个邦国局面。若照他们多数大老官的意思，还是要剖斗折衡，相与目逆，把他们的多收十斛麦，含捕鼓腹，算为最好。于是孔二官人，也不敢蔑视父老昆季，也用乐天知命等来委蛇。晋唐以前，乃是一个乡老（老庄）、局董（尧舜周孔）配合成功的社会。晋唐以来，'唐僧'同'孙悟空'带来了红头阿三的空气，徽州朱朝奉就暗采他们的空话，改造了局董的规条，所以，现在读起十三经来，虽孔圣人、孟贤人直接晤对，还是温温和和，教人自然。惟把朝奉先生等语录学案一看，便顿时入了黑洞洞的教堂大屋，毛骨悚然，左又不是，右又不是。所以他们的总和，道德叫做低浅。""现在要讲一个算账民族（西洋人），什么仁义道德，孝悌忠信，吃饭睡觉，无一不较上三族的人，较有作法，较有热心，讲他们的总和，道德叫做高明。"他的全盘西化主张，文学、美术、自然也当整理改造；看清楚了"欧洲从文艺复兴与宗教改革，再进一步做到工业革命，造成科学世界的物质文明，方才有今日的世界”的事实。他要我们再进一步抛开洋八股，努力造成一个干燥无味的物质文明，然后这三百年的文化趋势，才可算有了个交代！我们从吴先生的一生，看到了启蒙运动以来的时代趋向，也从他的言论中，体会到新文化运动的基本精神。他在“一个新信仰的宇宙观及人生观”中以极风趣的话在说：“凡是两手动物戏里的头等名角，应当：有清风明月的嗜好，有神工鬼斧的创作，有覆天载地的仁爱。换三句粗俗话是怎么呢？便是：吃饭、生小孩、招呼朋友。”他的见解极透辟，他的文词，极痛快淋漓，而他是以刘姥姥靠柴积上晒日黄的嚼嘴风格出之，诚现代中国不可多得的奇文。

我认识的亚子先生

谢冰莹

今年夏天，是我国文化界两位泰斗——蔡孑民先生和柳亚子先生的寿期，沪上文化界为两位先生出纪念特刊，这是很有意义的事。孑民先生，我因为没有见过他老的面，所以不想做一个通套的恭维；亚子先生，我认识了他老人就已有六年之久，信仰也特别深刻，因此借着这个机会写出一点脑海中对他的印象，以示景仰！

我和亚子先生第一次会面，是在1930年的秋天。当高尔柏先生带我走进他的住所时，我竟有点像乡下姑娘初次进城似的感到忸怩不安。这并不是我胆小，而是我从来没有过这样规规矩矩地去拜访一个名人的缘故。

亚子先生是这样的和蔼、诚恳，见到了他，真像一个孩子见到了他久别的母亲那么高兴！他有口吃的毛病，说起话来，有时要很久才能继续下去。我小的时候很喜欢学口吃的人说话，以致自己也在不知不觉间染上了那种毛病；长大后，虽然好了，可是一见口吃的人说话，我就要发笑的，而且笑得那么傻，有时个把钟头还不能停止。但对于亚子先生却是例外，不但从来没有过笑的念头，而且格外增加了对他的景仰和尊敬的情绪。我知道他想要说的是什么话，有时他只提一个字，我就替他说出下面的句子来。

凡是读过亚子先生诗文的人，谁都知道他是一个热情的革命文学家。虽然他今年是五十岁了，但他的思想还像创办南社时代一般前进。上面已经说过，他是一个不善于说话的人，但他的文章却特别写得短小精悍而有力。自然，有时他也写洋洋大篇，一泻千里的文章，然而究竟没有短的写得多而精彩。比方在第二十四卷第五号《教育杂志》的“读经问题”专号上，他说：“时代已是1935年，而中国人还在提倡读经，是不是神经病，我也不用多讲了！”又说：“主张读经的人，最好请他多读一点历史，诵《孝经》以退黄巾，结果只有作黄巾的刀下鬼罢了!”这里只是寥寥几十个字，已把那些提倡复古的道学先生，骂得痛快淋漓了!

诚然，如一般人所恭维的亚子先生，他不但是个聪敏博学的“才子”，而且是个多愁善感、充满了热情的诗人。但他绝不是愁自身的什么问题，发些无谓的牢骚；他是忧时忧世，挂念一些为生活、为工作而感受压迫的朋友，以及那些在苦斗中受难的青年。这许多年来，虽然他没有发表过多少喊革命口号的文字，然而他在直接间接地做了不少有益于新文化，有益于被压迫的中华民族解放的工作；他帮助过多少处境困难的青年，援救过多少关在囹圄中的战士。有一次他说了一句最使我感动，而永远不能忘记的话：

“我虽然老了，不能直接去参加新社会的建设运动，然而无论如何，我是要尽量帮助大家的……”他说这话时的态度十分严肃，而语气又是这样地诚恳、坚决，使听者感到无限的兴奋。是的，亚子先生就是这样的一位有新思想，有前进精神而且意志坚强的“老”少年，“老”革命文学家!

在这里，我要来一个小小的声明，亚子先生是不高兴“老”的，虽然有时和我们说笑话，偶尔也会说出“我老了”的句子来，但他的精神和思想，永远是年轻的。记得我们初次通信，我总是称呼他“长者”，他不但对这两个字不高兴接受，而且连“先生”两个字都不准用，要直呼他的名字，他才高兴。由此也可以看出他是如何地谦虚，如何地喜欢年轻!

他是这样地伟大，无论什么不认识他的人写信给他，从没有置之不理的。他不喜欢人家恭维他的文章或诗如何如何的好，也从不和人家有什么笔墨官司的来往。他不愿有求于别人，然而如果遇着人请他写什么介绍信时，他也并不拒绝。但他在信写好后，一定很坦白地告诉那位托他介绍的人：“信是写了，你拿去看看，有没有结果，那就不得而知。”他的心地又是这般真挚坦白，赤裸裸地毫无虚伪。比方遇到他不愿意或者不能帮忙的事情，他就老实不客气地给你一个坚决的拒绝，即使你感到十分的难堪，他也不管的。

亚子先生是一个特别重感情的人，因此凡是认识他的人，在最初第一次的见面后，就会在脑海中留下一个深刻的印象，感到他是个最好的朋友。记得前年一月，我同特第一次去拜访亚子先生时，一见面，他就紧紧地握着特的手，高兴得几分钟还说不出一个字来。我呢，呆呆地像一个傻瓜似的站在一旁，不知如何是好。结果还是特请他坐下，他才放开了特的手。为了要急于返乡，那天没有谈多久就走了。回到船上，特对我说：

“我从来没有遇到一个像亚子先生那么热情的老人家，你看他的手多有力，我被他握痛了。”

亚子先生对待朋友，总是那么热情，关心。同情他们（或她们）的境遇，体贴他们的困难，帮助他们，而不希望得到丝毫报酬。对于我，他完全像个老母亲对待幼小的儿女似的那么关心。一九三三年的春天，我几乎苦痛到要自杀的地步。亚子先生是那样恳挚地劝慰我，鼓励我拿出理智来战胜环境，不要白白地牺牲了自己有希望的前途！等到我将和特结合的消息报告他时，他几乎快乐得发狂了！居然在梦里做起诗来，半夜里赶快披衣起床写好寄给我们。

“十日三传讯，开缄喜欲狂。”这是描写他知道我的精神有了寄托后的愉快与安慰。“冰莹今付汝，好为护红颜。”读到这两句诗时，特从心坎里发出快乐的微笑：

“哈哈，这简直像丈人公写给女婿的诗哩！”

这话引得我也笑起来了。

亚子先生在别人看来，简直是个快乐之神，他有一位精明能干、体贴入微的夫人，无论对内对外，都不用他自己操心。儿子、媳妇、女儿、女婿，一家人都在教育界负着重大的使命，都能继承他的文化事业；尤其是那位富有文学天才，思想前进的第二女公子无垢女士，更是他的第二生命。正是为了他太爱无垢了，所以他在情感上起了很大的变化。理智是赞成她出国去开拓她伟大的前途，然而情感不能离开她，甚至于到最近两三个月来，为了这事，他竟和许多朋友都断绝了书信往来，内心似乎没有以前的快乐了！

本来他就有这么一个怪脾气，在高兴的时候，可以一天给你写一封快信，而里面所写的有时仅仅只有几个字，如果遇到他不高兴时，你就是一连去几封信，他也不会理你的。

末了，我谨以至诚祝亚子先生和孑民先生这两位为大众所爱戴的寿星，精神矍铄；更恳求亚子先生以爱女之心，来爱万万千千的群众，领导前进的青年，为多难的中华民族奋斗！

一九三六年六月于南村

记齐白石

钱歌川

北平有一画师，与姜白石同名而异姓——欸，你不要听错了，我是说他们同名；并不是说他们齐名，当然啰，一个生在宋朝，一个生在现代；一个是词人，一个是画师，他们的大名又怎样可以齐呢？我们这位画师，古怪得厉害，他就在现代的名画师中，也决不会与谁齐名，你说他齐姓，那倒可以，因为他本来姓齐。

齐白石，名璜，湖南湘潭人。多年侨居北平。他虽然是一个龙钟老者，却曾由徐悲鸿的劝驾，到国立艺术院那样一个洋学堂里教过书，不是，教过画。所以你不是把他当作老古董看待，他却有不少穿西装的高足呢。

我因为是和他同生在一个城池里的关系，从不认识字的儿童时代就知道他，但我并不晓得他就是鼎鼎大名的齐白石，也不晓得齐璜就是他。我只晓得他叫做齐木匠。（这是他自己也引以自矜的。他为我画的一幅水墨画上，就盖着一颗“老木”的章子呢。）没有看见齐木匠造的房子，而只看见齐木匠画的画，这是一个幼小无知的灵魂，常常觉得奇怪的。后来我在他的画上面，找到了一些房子才得了一个解释，原来他是专造茅亭的，他画的那些样子，都是在乡下，我是一个生长在城里的孩子，当然看不见他画本的实物。我每回到亲戚家里去，就看见他画的一张茅亭。亭子上面有一匹黄牛，我总担心那黄牛有天会踏下来把亭子踏破。

中学还没有毕业，我就离开了故乡，几乎一直到现在都在外面过日子，这些时候因为学的东西不同，竟再没有机会谈到那个伟大的木匠或谈他的画了。去年我到北平去，无意中听到一位朋友谈起他，于是重新唤醒了我二十年前的记忆，我觉得我们乡下既产生了这样一位独创的艺术家，小时我没有见到他的机会，现在既近在咫尺，怎样可以不去拜访他一次呢。我的朋友看透了我这种心思，不待我提议，他便说可以带我去看看他，也许他高兴还可以给我画一张画呢？

记得是初春时节的一个下午，我跟我那位朋友（同去的还有一位会刻图章的青年）走过了几条北平城西的小胡同，最后站住在一个有石阶级的大木门前面。我们在两个锈了的铜环上敲了几下，迟迟地里面发出了一个声音问门外是谁，来为何事。我们述明来意，跟着拿出一张名片从门缝里塞了进去，门里的足音便渐渐地远了。我们立在门外静候，我的朋友望了我一眼，忽然像想起了什么事似的警告我说；

“他如果有什么果盘摆出来，你不要吃呀!”

我不懂这话的意思，反疑心是主人吝啬。忍不住要问：

“吃了他不高兴吗？”

“不是，他一定要请你吃。吃了不是他不高兴，而是你自己难免不肚皮痛。”

说到这里开门的来了。但我没有听见开大门闩的声音，而只听见金属物碰着响。我睁圆了两眼，一瞬也不瞬地要看个究竟。

门开了，原来上面挂着一把五寸长的铜锁。

我们经过大门的甬道，走出到一个梧桐庭院，老妈子把我们带到右边的一间大房子里，便自个儿去了。这个房子里布置很是简陋，一端放了几把茶几靠椅，中间的几上竖着一个大镜框，里面装着一张戴眼镜的白胡子老者的像，不待言这就是我们要访问的人了。室之另一端，安置着一张一丈多长的书案，但上面一本书也没有，这原是他的客厅兼画室呢。

约摸等了十几分钟的光景，主人急遽地跑出来了。他因为正在吃饭，使我们等久了，很客气地向我们道了歉。接着主客随便闲谈，谈到他的画在巴黎卖掉了好几张，他面上露出一片喜悦的颜色来。及到他发现我是他的同乡人，现在正取道北平预备回里，而他虽然上了年纪，儿子劝他回去，他却舍不得离开住惯了的北平，现在听见我回去，也不免触动了乡思，一重暗云代替了喜悦的颜色笼罩住他的面部了。我们随即把话匣打开，由他的生活转到他的艺术上去。我们那位同去的候补金石家便乘机拿出他自己的作品去求教于当前的艺术大家，老先生接着一看，从容地说：

“你是摹的汉印吧，很好。有些章子已经摹得很像了。不过摹仿前人的东西，却不能落前人的窠臼，摹到相当的程度就要变，变得越是怪，越能惊倒人。”

他这寥寥的几句话，已经把艺术家成功的秘诀道破了。治印固应如此，绘画又何尝不是如此。他的画大写学八大山人，草虫学恽南田，但他决不受八大山人和恽南田的拘束，而自有他一种独创的怪味。他的图章虽是脱胎于汉印，但现在也就自成一家了。我最爱他那种冲刀法，浑然天成，不假雕琢，其遒劲实远出汉印之上。不论他的画，他的印，他都能自己建立他的殿堂，不像别人只满足于从前人的赝物。这一点确是叛逆男儿的本色。他就禀着他这一点叛逆的天性，从他湫隘的职业中跳出来，刻苦自修，终于走进了艺术之宫。他不相信艺术是士大夫的专利，他使士大夫从此不敢轻视工人，而包办艺术。他不让他的职业，埋没他的天才，他也不讳言他的职业。许多人荣达以后便不认微时的处境，这种忘本的事，是他平日所痛恨的。他无力改造这种士大夫的恶习，但他却为平日被士大夫所鄙视的工人复了仇。他的名字被士大夫尊崇以后，求画和篆刻的人日众，他有时故意高抬其价，使从前那些高官大员特别赏识。

听说有次一位大官，求他刻了一颗图章，遣人送去纹银百两，以当报酬，他接了以后马上赏给来人作为酒资。回报主人，为之惭恧，而他竟因此博得了一个狂名，身价十倍。

我看到他的时候，他已经快八十岁了，那种少年时的狂态一点无存，鹤发童颜，只觉得和蔼可亲而已。

蔡孑民

周作人

蔡孑民的名字，在现今我们虽然熟习，但那时候（约六十年前，正当光绪戊戌），老百姓中间，只知道有“蔡元培”的。他在那时不但是个奇人，简直还算得上是个怪物。他是翰林，却又是一个革命党。假如说是“康党”，就是“保皇党”，虽然在正统派看来也是乱党，到底也还讲得过去，但是他是排满的革命党，这道理便太费解了。一个人点到翰林，已是官了，正可竭力的爬上去，为什么还要这样乱搞，其居心真不可测了。所以关于他的目的，便有种种推测，一种传布得最广的说法，是说他主张“公妻”，这是我听到的最多的传说。但是这谣言是几时消灭的呢？我也不曾留意，事实上就这样消灭了，因为原来只是谣言，而且事实胜于雄辩，蔡孑民这人别的不说，道学气比较重，他于男女关系是向来不苟的。他在前清所著的书，流传下来的，乃是一册《中国伦理学史》。他受古人的影响第一个是俞理初，这是主张男女平权的，他说寡妇可以再嫁，反对守节，那么那种谣言之来也不是全无根源的了。

蔡孑民于革命之后，担任教育总长，他一上台就废止读经，停止祭孔，这是了不得的一件大事，自此以后儒教的势力一蹶不振，虽然有好几次反动，也总翻不过来了。他的大主张是“美育代宗教”，但这没有多大成功，因为宗教总是宗教，归根结底脱不了迷信，不是美术或是什么别的东西所替代得来的。

蔡孑民的主要成就，是在他的大学教育。他实际担任校长，没有几年，做校长时期也不曾有什么行动，但他的影响却是很大的。他的主张是“古今中外”一句话，这却是很有效力，也是最得时宜的。因为那时是民国五年（一九一六），袁世凯刚死，洪宪帝制虽已取消，北洋政府里还充满着乌烟瘴气。那时是黎元洪当总统，段祺瑞做内阁总理，虽有好的教育方针，也无法设施。北京大学里其时国文科只有经史子集，外国文只有英文，教员只有旧的几个人，这就是“古”和“中”而已，加“今”和“外”这两部分，便成功了。他于旧人旧科目之外，加添了新的人和新的科目，于是经史子集之外，有了戏曲和小说，章太炎的弟子黄季刚，洪宪的刘申叔，复辟的辜鸿铭之外，加添了陈独秀、胡适之、刘半农一班人，英文之外也加添法文、德文和俄文了。古今中外，都是要的，不管好歹让他自由竞争，这似乎也不很妥当，但是在那个环境，非如此说法，“今”与“外”这两种便无法存身，当作策略来说，也是必要的。但在蔡孑民本人，这到底是一种策略呢，还是由衷之言，也还是不知道，不过在事实上是奏了效，所以就事论事，这古今中外的主张在当时说是合时宜的了。

但是，他的成功也不是一帆风顺的。学校里边先表示不满，新的一边还没有表示讨嫌旧的意思，旧的方面却首先表示出来了。最初是造谣言，因为北大最初开讲元曲，便说在教室里唱起戏文来了，又因提倡白话的缘故，说用《金瓶梅》当教科书，这当然是完全是谣言。其次是旧教员在教室中谩骂，别的人还隐藏一点，黄季刚最大胆，往往昌言不讳。他骂一般新的教员附和蔡孑民，说他们“曲学阿世”，所以后来滑稽的人便绰号蔡孑民叫“世”，如去校长室一趟，自称去“阿世”去。知道这名称而且常常使用的，有马幼渔、刘半农诸人，鲁迅也是其中之一，往往见诸书简中，成为一个典故。报纸上也有反响，上海研究系的《时事新报》开始攻击，北京安福系《公言报》更是猛攻，后来由林琴南来出头，写公开信给蔡孑民，说学校里提倡非孝，要求斥逐陈、胡等人。蔡答信说，《新青年》并未非孝，即使主张也是私人的意见，只要在大学里不来宣传，无法干涉。两面相持不下，林氏老羞成怒，大有借当时实力派徐树铮的势力来加干涉之势。在这时期“五四”风潮勃发，政府忙于应付大事，学校的新旧冲突总算幸而免了。

蔡孑民后来又做过大学院院长，没有做出什么事来，他的成绩要算在北京大学为最大了。但是，我重复地说，他的古今中外的主张，只有在那时适用，也最著成效，但即此一节，也就够了。他是国民党中的一个异己分子，在抗战期间也没有到重庆去，是一九四〇年在香港九龙去世的。他是我们的前辈，但并不摆架子，也很有风趣，曾作打油见和，末云："乐事追怀非苦语，容吾一样吃甜茶。"其时已年七十，可见兴致还是很好的。

一九五八年一月

忆刘半农君

◎鲁　迅

这是小峰出给我的一个题目。

这题目并不出得过分。半农去世，我是应该哀悼的，因为他也是我的老朋友。但是，这是十来年前的话了，现在呢，可难说得很。

我已经忘记了怎么和他初次会面，以及他怎么能到了北京。他到北京，恐怕是在《新青年》投稿之后，由蔡孑民先生或陈独秀先生去请来的，到了之后，当然更是《新青年》里的一个战士。他活泼，勇敢，很打了几次大仗。譬如罢，答王敬轩的双簧信，“她”字和“牠”字的创造，就都是的。这两件，现在看起来，自然是琐屑得很，但那是十多年前，单是提倡新式标点，就会有一大群人“若丧考妣”，恨不得“食肉寝皮”的时候，所以的确是“大仗”。现在的二十左右的青年，大约很少有人知道三十年前，单是剪下辫子就会坐牢或杀头的了。然而这曾经是事实。

但半农的活泼，有时颇近于草率，勇敢也有失之无谋的地方。但是，要商量袭击敌人的时候，他还是好伙伴，进行之际，心口并不相应。或者暗暗的给你一刀，他是决不会的。倘若失了算，那是因为没有算好的缘故。

《新青年》每出一期，就开一次编辑会，商定下一期的稿件。其时最惹我注意的是陈独秀和胡适之。假如将韬略比作一间仓库罢，独秀先生的是外面竖一面大旗，大书道："内皆武器，来者小心!"但那门却开着的，里面有几支枪，几把刀，一目了然，用不着提防。适之先生的是紧紧的关着门，门上粘一条小纸条道："内无武器，请勿疑虑。"这自然可以是真的，但有些人——至少是我这样的人——有时总不免要侧着头想一想。半农却是令人不觉其有"武库"的一个人，所以我佩服陈胡，却亲近半农。

所谓亲近，不过是多谈闲天，一多谈，就露出了缺点。几乎有一年多，他没有消失掉从上海带来的才子必有"红袖添香夜读书"的艳福的思想，好容易才给我们骂掉了。但他好像到处都这么地乱说，使有些"学者"皱眉。有时候，连到《新青年》投稿都被排斥。他很勇于写稿，但试去看旧报去，很有几期是没有他的。那些人们批评他的为人，是：浅。

不错，半农确是浅。但他的浅，却如一条清溪，澄澈见底，纵有多少沉渣和腐草，也不掩其大体的清。倘使装的是烂泥，一时就看不出它的深浅来了；如果是烂泥的深渊呢，那就更不如浅一点的好。

但这些背后的批评，大约是很伤了半农的心的，他的到法国留学，我疑心大半就为此。我最懒于通信，从此我们就疏远起来了。他回来时，我才知道他在外国钞古书，后来也要标点《何典》，我那时还以老朋友自居，在序文上说了几句老实话，事后，才知道半农颇不高兴了，"驷不及舌"，也没有法子。另外还有一回关于《语丝》的彼此心照的不快活。五六年前，曾在上海的宴会上见过一回面，那时候，我们几乎已经无话可谈了。

近几年，半农渐渐地据了要津，我也渐渐的更将他忘却；但从报章上看见他禁称"蜜斯"之类，却很起了反感：我以为这些事情是不必半农来做的。从去年来，又看见他不断的做打油诗，弄烂古文，回想先前的交情，也往往不免长叹。我想，假如见面，而我还以老朋友自居，不给一个"今天天气……哈哈哈"完事，那就也许会弄到冲突的罢。

不过，半农的忠厚，是还使我感动的。我前年曾到北平，后来有人通知我，半农是要来看我的，有谁恐吓了他一下，不敢来了。这使我很惭愧，因为我到北平后，实在未曾有过访问半农的心思。

现在他死去了，我对于他的感情，和他生时也并无变化。

我爱十年前的半农，而憎恶他的近几年。这憎恶是朋友的憎恶，因为我希望他常是十年前的半农，他的为战士，即使“浅”罢，却于中国更为有益。我愿以愤火照出他的战绩，免使一群陷沙鬼将他先前的光荣和死尸一同拖入烂泥的深渊。

刘半农与礼拜六派

◎ 周作人

刘半农先生去世于今已有十五个年头了，再来谈起他与礼拜六派连在一起，似乎有点不敬，其实却是不然的。刘君于民国六年进北大，二十三年因往绥远考察，染回归病殁，前后整整十七年，对于学术文艺的贡献很是重大，本是显著的事实，可是民六以前他在上海卖文为生，各处投稿，与周瘦鹃很熟，也是事实，刘君自己并不曾讳言。他进北大之前，先写了好些散文投寄《新青年》，为编辑人陈独秀所赏识，不久陈君就任北大文科学长，就请他来教书，那些文章还是用文言所写，可是写得清新流丽，而且采用西洋书报的寻常资料，一经点染，便觉得很有趣味，他的才情确是有不可及的地方。刘君在北大最初是教预科的国文，选材新颖，又依照西文规则，细加标点，再三校改，不厌求精，这种讲义现在如还有人保存着，拿出来看看也是有意义的事情，可以看出他的一种特色。此外他还给北大日刊编《歌谣选》，每日登出一则，拣取各地方各式样的民歌，略加注释，因为那时成立“歌谣研究会”，征集各处民谣，即借此做广告，揭载样本，算是一举两得。这《歌谣选》只出到一百多则就中止了，后来另出《歌谣周刊》，由常惠编辑，大概继续有二三年，刘君虽然到法国留学去了，兴趣却仍未减少，曾译有《海外名歌选》，在他回国以后才出版的。

现今说起礼拜六派，大家似乎都觉得含有不敬之意，这是当然的，因为立这名称的人本来是意在贬斥，所以拿了低级的杂志来做标志，若是论它的源流，那是“古已有之”的，或者客观一点可以称之为才子书派，或更妥当的称为传奇派。唐朝的传奇如《会真记》一流本以才子佳人为主，明朝有些珍本奇书如《国色天香》等也是这一类，而更是滥调化了，至清朝因《聊斋》而一振，有中兴气象，清末则有《淞隐漫录》及其他，凭了聚珍板及石印而大见兴盛，论其“谋生者”与鸳鸯蝴蝶之特色，则是千百年来没有什么变化，只是写文章的手段大有高下罢了。民国初年这一派的代表，或者不如说是祖师，我们不得不推那苏曼殊老和尚，他是一个有天才的人，无师自通文学美术，他的旧诗（七言绝句），笔记，尺牍，小说，山水画都很好，大家看他的遗集可以知道。但是他的影响不是从遗集发生出来的，民元以后他在上海《民权（民立）报》的副刊上，那是用白连史纸印的，登载长篇小说，还有自笔插画，这样造成一种风气，可以将《民权素》为代表。徐枕亚吴双热的作品即从此出，其来源是与冷血天笑全然两路的。刘君早年的文言作品属于此派自无疑义，可是他天分高，比较与曼殊相近，所以写得不错，改变语体后也自然走入新的流路了。

刘君初到北大还是号半侬，友人们对他开玩笑，说侬字很有礼拜六气，他就将人旁去了。可是在英美派学者中还有人讥笑他的出身，他很受了一点刺激，所以在民八之后他决心往欧洲游学，专攻语言学，得了法国博士学位回来。同他要好的朋友可惜他的改行，可是他对于文学的兴趣仍然旺盛，时有发表，假如他不早归道山，他在文学这方面的成绩一定是很有可观的。他与礼拜六派的关系，由我来说，在这两方面都是一种光荣。不知读者诸君以为如何，这话是不是有点偏？

一九四九年三月

鲁迅翁杂忆

夏丏尊

我认识鲁迅翁，还在他没有鲁迅的笔名以前，我和他在杭州两级师范学校相识，晨夕相共者好几年，时候是前清宣统年间。那时他名叫周树人，字豫才，学校里大家叫他周先生。

那时两级师范学校有许多功课是聘用日本人为教师的，教师所编的讲义要人翻译一遍，上课的时候也要有人在旁边翻译。我和周先生在那里所担任的就是这翻译的职务。我担任教育学科方面的翻译，周先生担任生物学科方面的翻译。此时，他还兼任着几点钟的生理卫生的教课。

翻译的职务是劳苦而且难以表现自己的，除了用文字语言传达他人的意思以外，并无任何可以显出才能的地方。周先生在学校里却很受学生尊敬，他所译的讲义就很被人称赞。那时白话文尚未流行，古文的风气尚盛，周先生对于古文的造诣，在当时出版不久的《域外小说集》里已经显出。以那样的精美的文字来译动物植物的讲义，在现在看来似乎是浪费，可是在三十年前重视文章的时代，是很受欢迎的。

周先生教生理卫生，曾有一次答应了学生的要求，加讲生殖系统。这事在今日学校里似乎也成问题，何况在三十年以前的前清时代。全校师生们都为惊讶，他却坦然地去教了。他只对学生提出一个条件，就是在他讲的时候不许笑。他曾向我们说："在这些时候不许笑是个重要条件。因为讲的人的态度是严肃的，如果有人笑，严肃的空气就破坏了。"大家都佩服他的卓见。据说那回教授的情形果然很好。别班的学生因为没有听到，纷纷向他来讨油印讲义看，他指着剩余的油印讲义对他们说："恐怕你们看不懂的，要么，就拿去。"原来他的讲义写得很简，而且还故意用着许多古语，用"也"字表示女阴，用"了"字表示男阴，用"糸"字表示精子，诸如此类，在无文字学素养未曾亲听过讲的人看来，好比一部天书了。这是当时的一段珍闻。

周先生那时虽尚年轻，丰采和晚年所见者差不多。衣服是向不讲究的，一件廉价的羽纱——当年叫洋官纱——长衫，从端午前就着起，一直要看到重阳。一年之中，足足有半年看见他着洋官纱，这洋官纱在我记忆里很深。民国十五年初秋他从北京到厦门教书去，路过上海，上海的朋友们请他吃饭，他着的依旧是洋官纱。我对了这二十年不见的老朋友，握手以后，不禁提出“洋官纱”的话来。“依旧是洋官纱吗？”我笑说。“呃，还是洋官纱！”他苦笑着回答我。

周先生的吸卷烟是那时已有名的。据我所知，他平日吸的都是廉价卷烟，这几年来，我在内山书店时常碰到他，见他所吸的总是金牌、品海牌一类的卷烟。他在杭州的时候，所吸的记得是强盗牌。那时他晚上总睡得很迟，强盗牌香烟，条头糕，这两件是他每夜必需的粮。服侍他的斋夫叫陈福。陈福对于他的任务，有一件就是每晚摇寝铃以前替他买好强盗牌香烟和条头糕。我每夜到他那里去闲谈，到摇寝铃的时候，总见陈福拿进强盗牌和条头糕来，星期六的夜里备得更富足。

周先生每夜看书，是同事中最会熬夜的一个。他那时不做小说，文学书是喜欢读的。我那时初读小说，读的以日本人的东西为多，他赠了我一部《域外小说集》，使我眼界为之一广。我在二十岁以前曾也读过西洋小说的译本，如小仲马、狄更斯诸家的作品，都是从林琴南的译本读到过的。《域外小说集》里所收的是比较近代的作品，而且都是短篇，翻译的态度，文章的风格，都和我以前所读过的不同。这在我是一种新鲜味。自此以后，我于读日本人的东西以外，又搜罗了许多日本人所译的欧美作品来读，知道的方面比较多起来了。他从五四以来，在文字上，思想上，大大地尽过启蒙的努力。我可以说在三十年前就受他启蒙的一个人，至少在小说的阅读方面。

周先生曾学过医学。当时一般人对于医学的见解，还没有现在的明了，尤其关于尸体解剖等类的话，是很新奇的。闲谈的时候，常有人提到这尸体解剖的题目，请他讲讲“海外奇谈”。他都一一说给他们听。据他说，他曾经解剖过不少的尸体。有老年的，壮年的，男的，女的。依他的经验，最初也曾感到不安，后来就不觉得什么了，不过对于青年的妇人和小孩的尸体，当开始去破坏的时候，常会感到一种可怜不忍的心情。尤其是小孩的尸体，更觉得不好下手，非鼓起了勇气，拿不起解剖刀来。我曾在这些谈话上领略到他的人间味。

周先生很严肃，平时是不大露笑容的，他的笑必在诙谐的时候。他对于官吏似乎特别憎恶，常模拟官场的习气，引人发笑。现在大家知道的“今天天气……哈哈”一类的模拟谐谑，那时从他口头已常听到。他在学校里是一个幽默者。

一九三六年十二月

鲁迅卖金牌

许钦文

鲁迅先生生于一八八一年。他于一八九八年离开绍兴到南京去求学时，实在只有十七岁。他的母亲给他办了八元的川资。当时从绍兴到南京还没有通火车，要先乘民船到西兴，然后步行或者坐轿到钱塘江边，乘帆船渡过江，再从杭州的拱宸桥乘小轮船去南京。路上要经过好几天，就得花去不少钱，川资只有八元，连十元都凑不上，因为他的父亲已在久病之后去世，家中坠入了困顿。到了南京，用剩的钱当然不多了，困顿的家中也不会就有钱汇去。

许寿裳在《亡友鲁迅印象记·日常生活》上说："他（鲁迅先生）在南京读书时，没有余钱制衣服，以致夹裤过冬，棉袍破旧得可怜，两肩部已经没有一点棉絮了。……他爱吃辣椒。我当初曾问他何时学会吃辣，他只答道在南京读书时，后来才告诉我：因为夹裤过冬，不得已吃辣椒以御寒气，渐渐成为嗜好，因而害及胃的健康，为毕生之累。他发胃痛的时候，我常见他把腹部顶住方桌的角上而把上身伏在桌上，这可想见他胃痛的厉害呀!”

当我读了这些话，立刻联想到鲁迅先生在《在酒楼上》所描写的一段：

一斤绍酒。——菜？十个油豆腐，辣酱要多！……我略带些哀愁，然而很舒服的呷了一口酒。酒味很纯正；油豆腐也煮得十分好；可惜辣酱太淡薄，本来S城人是不懂得吃辣的。

我们知道，鲁迅先生从一九一九年冬，迎接母亲到北京去住，同道离开绍兴以后，没有再到故乡去过。在《祝福》上，一开头就是“虽说故乡，然而已没有家”“所以只得暂寓在鲁四老爷的宅子里”。《祝福》内容的故事是要从“故乡”展开的。《在酒楼上》也是这样的：“觉得北方固不是我的旧乡，但南来又只能算是一个客子”。文艺作品，不是真人真事的记述。所谓真实性，只要所写的情形、细节是真的，“故事”不妨更动或者虚拟。上面所引的两个例子，不但无碍于文艺上的真实性，而且带点乡愁的抒情，反而显得格外真切的样子。

“一斤绍酒”。这话也是活用的。以前在北京，绍兴老酒只叫做“绍兴”。如果真在绍兴，那么名称很多：元红、善酿、花雕、竹叶青、加饭，后来还有香雪。既然在绍兴，当然不会单用绍兴的绍字来名酒。显然，鲁迅先生这样写，是为了使《在酒楼上》不是只写给绍兴人看的。

“辣酱要多!”“可惜辣酱太淡薄，本来S城人是不懂得吃辣的。”接连三句都表示了爱吃辣而成了一种嗜好，终于损害了胃而影响到了寿命。

对于鲁迅先生的爱吃辣，我又记起来了一件事情。有一天，我到老虎尾巴去看他。他正在吃馄饨，是蒸的，没有卤，所以放在盘子里。不用调匙，也不用筷子；他吃鸡鸭或者猪脚之类喜欢用手抓，我是看惯了的。这时使我诧异的是，手抓馄饨，而且把那抓着的馄饨，先放到那盘旁摊在一张方纸上粉屑一般的东西上翻几番，再揿一下，然后放进口里咀嚼。我本坐在西墙边的靠背椅上，向藤野先生那照相下面望去，误以为那粉屑般的东西是麻酥糖。我想蒸馄饨是放上了酱油的，“为什么还要和麻酥糖混在一起当作甜点心吃呢?”我不觉走了过去探视，闻到刺鼻的胡椒气味，几乎咳了起来。

“大先生，”我耐不住问：“怎么你要用这样多的胡椒粉?”

“哈哈，没有辣酱就吃胡椒。可以吃!”

“可以吃”是他的习惯话，是“很好吃”的意思。

“但你恐怕吃不来，所以不请你吃。哈!”

笑得很自然，也显得得意的样子。鲁迅先生是“细嚼黄连不皱眉”的。他的确是吃惯了辣的，由于经济困难，夹裤过冬，借以御寒开始，成了习惯，变为嗜好以后，好像也就成了一种提神的兴奋剂。

鲁迅先生在南京求学时，因为经济困难，夹裤过冬，吃辣御寒，成了胃病以外，还有一个故事，我早知道，也是深深感动的，就是“卖金牌”的故事。他穷得连棉裤都买不起，南京严冬比绍兴冷得多，没有棉裤是很难过的。但他非常用功，成绩非常好，得到了金牌的奖章。奖章分三种，铜牌、银牌和金牌。全校学生多，奖章少。成绩好的，可用三块铜牌换得一块银牌；用三块银牌才可以换得一块金牌。一块金牌等于九块铜牌。鲁迅先生的成绩特别好，直接获得了金牌的奖章。听说这样获得金牌的，全校只有他一个人。这是多么难得的呀! 可是鲁迅先生，并不把这金牌好好保存起来，而是把它卖掉了。他把金牌卖掉所得的钱并不去买棉裤穿，也不买件新棉袄来代替“两肩部已经没有一点棉絮了”的旧棉袄，而是买了一大批的书。余下的零钱是买了点心请同学们一道吃掉了。

后来我在《且介亭杂文》中《关于太炎先生二三事》上读到鲁迅先生赞扬章太炎的话：“考其生平，以大勋章作扇坠，临总统府之门，大诟袁世凯的包藏祸心者，举世无第二人；七被追捕，三入牢狱，而革命之志，始终不屈挠者，并世亦无第二人：这才是先哲的精神，后生的楷范。”扇坠是扇子的装饰品，平常以彩色的丝线打成什么结或几挂须做成，也有是挂一块汉玉之类的，总之是个玩弄的东西。大勋章是国家最高机关的奖章，本是最可宝贵的，章太炎把他的大勋章当作玩弄品，是轻视窃国大盗袁世凯的表示。所谓包藏祸心，是指袁世凯是妄想做皇帝的。鲁迅先生固然厌恶清政府的媚外辱国，说那洋务派办的学堂乌烟瘴气，因此我怀疑，他的卖金牌，大概也是因为那金牌的来路不正，原是看不起清政府、洋务派的表示。我这样猜想，却没有明白的证据，老是这样暗自猜想就是了。

最近得到俞芳老师著的《我记忆中的鲁迅先生》，读了其中《学习、荣誉和金牌》的一章，我明白了，我的猜想并不对。俞老师和鲁迅先生的母亲认识时还只有十一岁。鲁迅先生住在砖塔胡同六十一号时，她们经常在一起。从一九二三年八月起，《鲁迅日记》上有很多关于俞家三姊妹的记载。鲁迅先生住到阜内西三条以后，她们几乎是每星期日必到的常客。鲁迅先生南下到厦门以后，北京家里的杂务由我的四妹照料；到我的四妹南归，俞老师已在北京师范大学毕业，就接替了我四妹的任务。鲁迅先生的母亲和她实在是无所不谈的。

“你们的大先生在南京，”俞老师引用鲁迅先生母亲的话说：“读书刻苦努力，成绩很好，还得过金牌呢。”

“关于金牌的事，我曾问过他，我当时觉得卖掉了有点可惜。因为它是纪念品，拿回来给我们看看，大家高兴高兴，有多么好! 但他——”鲁迅先生的意思是这样的：“金牌是可以用钱换的，要什么样子就可以买什么样子；再说金牌充其量只能表示当时的学习成绩，它不能证明我将来成绩的好与坏；况且金牌保存起来，它永远只是一块金牌，金牌再也变不出其他的东西来。弄得不好，反会使人增加虚荣心，滋长傲气，从此不再上进。而从书里，却可以得到知识。”

原来鲁迅先生的卖金牌，并非随随便便，只凭一时的意气，而是实事求是，经过仔细的考虑的。

俞老师又引用鲁迅先生母亲的话：“你们大先生小时读书，常常受到寿先生的称赞，但他从来不把这些告诉家里大人的。有时我从别人那里知道，心里高兴，问他时，他若无其事地说：‘这有什么好说的，做学生，书总应该好好读的!’”

鲁迅先生不用把金牌卖掉所得买书的余钱买棉衣裤，而买得点心请同学们吃，我看也不是随随便便的。大概他平时常吃了同学们的点心，他无钱回请，记在心里，所以有了机会就大请其客了。在俞著《我记忆中的鲁迅先生》上有这样的记载：在砖塔胡同时，有人要求鲁迅先生请客，馄饨或者桂花元宵，每人一碗，他总是连俞家的女佣人也请她吃一碗的。在这册书上，俞老师不但记述着亲身经受的、鲁迅先生爱护儿童青年和用科学方法教育他们的动人事迹，尤其可贵的是又记述着由他母亲亲口说的他幼年时期刻苦努力学习的事情，富有教育的意义。这实在是一本难得的好书。

一九八二年

关于鲁迅三数事

◎ 周作人

吃　茶

鲁迅的抽纸烟是有名的，又说他爱吃糖，这在东京时并不显著，但是他的吃茶可以一说。在老家里有一种习惯，草囤里加棉花套，中间一把大锡壶，满装开水，另外一只茶缸，泡上浓茶汁，随时可以倒取，掺和了喝，从早到晚没有缺乏。日本也喝清茶，但与西洋相仿，大抵在吃饭时用，或者有客到来，临时泡茶，没有整天预备着的。鲁迅用的是旧方法，随时要喝茶，要用开水，所以在他的房间里与别人不同，就是在三伏天，也还要火炉，这是一个炭钵，外有方形木匣，灰中放着铁的三角架，以便安放开水壶。茶壶照例只是所谓“急需”，与潮汕人吃“功夫茶”所用的相仿，泡一壶只可供给两三个人各一杯罢了，因此屡次加水，不久淡了，便须换新茶叶。这里用得着别一只陶缸，那原来是倒茶脚用的，旧茶叶也就放在这里边，普通顿底饭碗大的容器内每天总是满满的一缸，有客人来的时候，还要临时去倒掉一次才行。所用的茶叶大抵是中等的绿茶，好的玉露以上，粗的番茶，他都不用，中间的有十文目，二十目，三十目几种，平常总是买的“二十目”，两角钱有四两吧，经他这吃法也就只够一星期而已，买“二十目”的茶叶，这在那时留学生中间，大概知道的人也是很少的。

看　戏

鲁迅在乡下常看社戏，小时候到东关看过五猖会，记在《朝华夕拾》里，他对于民间这种娱乐很有兴趣，但戏园里的戏似乎看得不多。他自己说在仙台时常常同了学生们进戏馆去“立看”，没有座位，在后边站着看一、二幕，价目很便宜，也很好玩。在东京没有这办法，他也不曾去过，只是有一回，大概是一九零七年春天，几个同乡遇着，有许寿裳、邵明之、蔡谷清夫妇等，说去看戏去吧，便到春木町的本乡座，看泉镜花原作叫做《风流线》的新剧。主人公是一个伪善的资本家，标榜温情主义，欺骗工农人等，终于被侠客打倒，很有点浪漫色彩的，其中说他设立救济工人的机关，名叫救小屋，实在也是剥削人的地方，这救小屋的名称后来为这几个人所引用，常用作谈笑的资料。还有一次是春柳社表演《黑奴吁天录》，大概因为佩服李息霜的缘故，他们二三人也去一看，那是一个盛会，来看的人实在不少，但是鲁迅似乎不很满意，关于这事，他自己不曾说什么。他那时最喜欢伊勃生（《新青年》）上称“易卜生”，为他所反对）的著作，或者比较起来以为差一点，也未可知吧。新剧中有时不免有旧戏的作风，这当然也是他所不赞成的。

维新号

鲁迅在东京这几年，衣食住都很随便，他不穿洋服，不用桌椅，有些留学生苦于无床，便将壁橱上层作卧榻，大为鲁迅所非笑，他自己是席上坐卧都无不可，假如到了一处地方只在地上铺稻草，他是也照样会睡的。关于吃食，虽然在《朝花夕拾》的小引中曾这样说，“我有一时，曾经屡次忆起儿时在故乡所吃的蔬果、菱角、罗汉豆、茭白、香瓜，凡这些都是极其鲜美可口的，都曾是使我思乡的蛊惑。”事实上却不如是，或者这有一时只是在南京的时候，看庚子、辛丑的有些诗可以知道，至少在东京那时总没有这种迹象，他并不怎么去搜求故乡的东西来吃。神田的维新号楼下是杂货铺，罗列着种种中国好吃的物事，自火腿以至酱豆腐，可是他不曾买过什么，除了狼毫笔以外。一般留学生大抵不能那样淡泊，对于火腿总是怀念着，有一个朋友才从南京出来，鲁迅招待他住在伏见馆，他拿了一小方火腿叫公寓的下女替他蒸一下，岂知她们把它切块煮了一锅汤，他大生其气，见了便诉说他那火腿这一件事，鲁迅因此送他诨名就叫做“火腿。”这位朋友是河南人，一个好好先主，与鲁迅的关系一直很好，回国后在海军部当军法官，仍与鲁迅往还，不久病故，我就不曾在北京见到他过。

诨　名

鲁迅不常给人起诨名，但有时也要起一两个，这习惯大概可以说是从书房里来的，那里的绰号并没有什么恶意，不久也公认了成了第二个名字。譬如说小麻子，尖耳朵，固然最初是有点嘲弄的意思，但是抓住特点，容易认识，真够得上说“表德”，这与《水浒》上的赤发鬼，《左传》上的黑臂正是一样的切实。鲁迅给人起的诨名一部分是根据形象，大半是从本人言行出来的。邵明之在北海道留学，面大多须，绰号曰“熊”，当面也称之曰熊兄。陶焕卿联络会党，运动起事，太炎戏称为“焕强盗”、“焕皇帝”，因袭称之为焕皇帝。蒋抑卮曰“拨伊铜钿”，吴一斋曰“火腿”，都有本事，钱德潜与太炎谈论，两手挥动，坐席前移，故曰“爬来爬去”，这些诨名都没有什么恶意。杭州章君是许寿裳的同学，听路上卖唱的，人问这唱的是什么，答说，“这是唱恋歌呀”，以后就诨名为“恋歌。”后来在教育部时，有同乡的候补人员往见，欲表示敬意，说自己是后辈，却自称小辈，大受鲁迅的训斥，以后且称此公曰“小辈。”这两个例，就很含有不敬的意思。鲁迅同学顾琅在学堂时名“芮体乾”，改读字音称之曰“芮体干”，虽然可以当面使用，却也是属于这一类的。

一九五七年

鲁迅的性格

◎ 曹聚仁

周作人先生在北平和记者谈到鲁迅先生的性格，说："他这肺病，本来在十年前，就已隐伏着了；医生劝他少生气，多静养；可是他的个性偏偏很强，往往因为一点小事，就和人家冲突起来，动不动就生气，静养更没有这回事，所以病状就一天一天的加重起来。说到他的思想，起初可以说是受了尼采的影响很深，就是树立个人主义，希望超人的实现，可是最近又转变到虚无主义上去了。因此，他对一切事，仿佛都很悲观。……他的个性不但很强，而且多疑，旁人说一句话，他总要想一想，这话对于他是不是有不利的地方。他在上海住的地方很秘密，除了舍弟建人和内山书店的人知道以外，其余的人，都很难找到。"记者的笔录，也许有点走样，大致该和周先生所说相符合，以启明先生的博学多识，益以骨肉之亲，这些话该是十分中肯的。但由站得比较远一点的我看来，启明先生的话不无可以商量之处。

“为了一点小事，就和人家冲突起来，动不动就生气。”这样的人，古之人曾有过伯夷，孟子称之为“圣之清者也”。说个性很强只是“圣之清者”的特征，却不十分妥当。因为柳下惠式的“圣之和”，伊尹式的“圣之任”，孔丘式的“圣之时”，都非有很强的个性不可。个性不强，就变成乡愿式的“德之贼”，当然非启明先生所许与的。鲁迅先生生前，曾写信给我，说：“现在的许多论客，多说我会发脾气；其实我觉得自己倒是从来没有因为一点小事情，就成友成仇的人，我还不少几十年的老朋友，要点就在彼此略小节而取其大。”这话，正如启明先生所说的相反，换句话说，鲁迅先生并不是伯夷式的人物，他若是伯夷式的人物，他也不会以上海的环境于他很适宜了。

启明先生有点近于柳下惠式的“圣之和”，鲁迅先生则有点近于伊尹式的“圣之任”。孟子说伊尹将以道觉斯民，自任以天下之重，但一面又说：“伊尹耕于有莘之野，非其义也，非其道也，禄之以天下，弗顾也。击马千驷，弗视也。非其义也，非其道也，一介不以与人，一介不以取诸人。”这才是鲁迅先生人格的写照。鲁迅先生和胡适先生的分野正在于此，胡适先生爱以他的学问地位“待价而沽”，鲁迅先生则爱受穷困的磨折，并不曾改变过他的节操，至死还是“非其义也，非其

道也，一介不以与人，一介不以取诸人。”(见遗嘱)

说到鲁迅先生的对一切事都很悲观，也只说了一半。他的幼年时代的经历，以及壮年以后对于政治改革社会改革的幻灭，无疑的使他变成虚无主义者；这幻灭的影片，如《好的故事》所写的，的确够悲观了。但鲁迅先生在自选集的序文，已经提到他自己意识的转变，说：“我又怀疑于自己的失望，因为我又知道，我所见过的人们、事件，是极其有限的。”他自悟：“绝望之为虚妄，正与希望相同。”所以对于热情者们时常有同感，不断为热情者呐喊几声以助威。鲁迅先生在近十年间，努力克制个人主义的成分，要和为社会舍身的战士们的步骤相一致，或者应该这样说罢。他是渐渐远离了虚无主义投入社会主义中去，对于革命事业的完成，并不和先前那样悲观了。

启明先生也说鲁迅“多疑”，这倒是很有趣的。“多疑”和“非常透彻的观察事物”正是相反，既说他“多疑”，又说他“观察得非常透彻”，这两句话，不知怎样合得逻辑。以医病为例，断症既明，则开方自易，不必犹疑了。鲁迅先生有一回，说：“……有些更重目前之益，为了一点小利，而反噬横陷，真有大出于意料之外者。历来所身受之事，真是一言难尽。但我是总如野兽一样，受了伤，就回头钻入草莽，舐掉血迹，至多也不过呻吟几声的。只是现在却因为年纪渐大，精力就衰，世故也愈深，所以渐在回避了”。照这话看来，住址的秘密，想一想旁人所说的话是什么用意，只能说是“野兽”的生存本能的反应，难道定如羔羊的等着受宰割才算是“镇定不惑”吗？鲁迅先生的文章中对于“多疑”二字的正面驳斥，已经一见不一见，他决不料死后还要蒙“多疑”二字的冤枉的。

我和鲁迅先生间的交谊，自然不及启明先生之“亲”而且“切”。本不必“谬托知已”。但我心目中的鲁迅先生，是一个“认真”的人，不肯轻轻放松一件事一句话，要彻底想一想的人，和启明先生所见的会有这么多的差距，倒是值得仔细吟味的。

鲁迅先生的骂人

曹聚仁

在柜台的一角，一位小职员，手中拿着一份《立报》，对另一角的同事，说："那位顶欢喜骂人的鲁迅死了。"我听了呆了一下，在想：鲁迅先生难道真是顶欢喜骂人的吗？说鲁迅先生最爱骂人，有陈源（西滢）先生的话在；他说："鲁迅先生一下笔就想勾陷人家的罪状。他不是减，就是加，不是断章取义，便是捏造些事实。——有人同我说，鲁迅先生缺乏的是一面大镜子，所以永远见不到他的尊容。我说他说错了，鲁迅先生的所以这样，正因为他有了一面大镜子。你见过赵子昂画画的故事罢？他要画一个姿势，就对镜伏地做出那个姿势来。鲁迅先生的文章也是对了他的大镜子写的，没有一句骂人的话不能应用在他自己的身上。……他常常散布流言和捏造事实，但是他自己又常常的骂人'散布流言''捏造事实'，并且承认那样是‘下流’。他常常的无故骂人，要是那人生气，他就说人家没有幽默。可是要是有人侵犯了他一言半语，他就跳到半天空，骂得你体无完肤，——还不肯罢休。”他又说：“有人说，他们兄弟俩（鲁迅先生和启明先生）都有他们贵乡绍兴的刑名师爷的脾气。这话，启明先生自己也好像曾有部分的承认。不过，我们得分别，一位是没有做过官的刑名师爷，一位是做了十几年官的刑名师爷。”但是，我还在想，鲁迅先生真是顶欢喜骂人的吗？

大家应该读过鲁迅先生的《坟》的后记吧，其中有一段说：

> “至于对别人，……还有愿使憎恶我的文字的东西得到一点呕吐——我自己知道，我并不大度，那些东西因我的文字而呕吐，我也很高兴的。……我的确时常解剖别人，然而更多的是更无情面地解剖我自己，发表一点，酷爱温暖的人物，已经觉得冷酷了，如果全露出我的血肉来，末路正不知要到怎样？我有时也想就此驱除旁人，到那时还不唾弃我的，即使是枭蛇鬼怪，也是我的朋友，这才真是我的朋友。倘使并这个也没有，则就是我一个人也行。”

我们看了这段话，该有点明白了。原来说他欢喜骂人，只是另一方面的误解。在中国，不问批评制度或评论个人，不问正面讽刺或反面冷嘲，总而言之，名之为“骂人”；“骂人”

就算是有伤忠厚的。说鲁迅先生爱骂人，把他的批评制度评骂个人正面讽刺反面冷嘲的杂感文字，当作泼妇骂街一例看待，自然只看见他直着喉咙骂这骂那了。

我们把他的文章检讨一下，其中挨过他的辛辣的讽刺的最多是残余的封建制度和思想。他的一生经历了许多政治改革社会改革的把戏；这把戏是起先看起来有点横厉不可一世，终于渐渐软下去，被利用，被误解，以至销声匿迹，全不是那么一回事。辛亥革命之变成阿Q的盘辫子，《新青年》的同伴高升，退隐，留下他一个人在沙漠上走来走去。他于是非常怀疑，因而失望颓唐得很。他觉得他的环境是一间绝无窗户而万难破毁的铁屋子，这铁屋子的墙头，是用精神文明、国粹、孔孟之道一类砖头砌成的；他于是擎出丈八矛枪向封建制度封建思想挑战；只要是有人做毁坏那铁屋子的工作，他无有不助一臂之力。

既然他所攻击的所讽刺的是一种制度一种思想，则某制度下那一群人当然要挨着他的批评，而某种思想附在某种人身上出现，某种人就要受着他的痛骂。他骂章士钊，骂林语堂，就是骂那些开倒车的思想；骂梁实秋，骂陈西滢，就是骂现代评论派新月派的改良主义。这其间，也许夹杂一点个人的恩怨，但读者所以首肯鲁迅先生的批评，并不注意其间有什么个人的恩怨；正因为他批评复古开倒车的错误，指出改良主义的可笑，自有社会的意义，乃加以首肯的。大家既不以为他在讥骂个人，则章士钊、陈西滢等等正与他所幻设的阿Q相同，我们为什么可以忽略他的批评制度批评思想的重要意义，而单提他的“骂人”这一点呢？

雷峰塔倒掉以后，鲁迅先生曾经在有点畅快之后，写了两篇文章。他所以畅快，就因为雷峰塔一倒坍，西湖十景去其一，至少可以医治医治那传统的十景病。但鲁迅先生知道中国人的十景病害得太厉害，根本不懂得讽刺的意义，慨然道：“悲剧将人生的有价值的东西毁灭给人看，喜剧将那无价值的撕破给人看。讥讽又不过是喜剧的变简的一支流。但悲壮滑稽，却都是十景病的仇敌，因为都有破坏性，虽然所破坏的方面各不同。中国如十景病尚存，则不但卢梭他们似的疯子决不产生，并且也决不产生一个悲剧作家或喜剧作家或讽刺诗人。”他既生在中国，已经命定的为患十景病的国人所误解，到死为止，他所努力的带破坏性的“讽刺”便被人当作“骂人”了。

鲁迅先生的文章中，悲观色彩很浓厚，那是无可讳言的。(他自己说：“必须与前驱者取同一的步调，于是遵着将令，删削些黑暗，装点些欢容，使作品比较的显出若干亮色。”又说：“我的喊声是勇猛或是悲哀，是可憎或是可笑，那倒是不暇顾及的；但既然是呐喊，则当然须听将令的了，所以我往往不惜用了曲笔，因为那时的主将是不主张消极的。”）他为什么带这样浓重的悲观性呢？他的早年生活实在替他埋下很深很深的根。鲁迅先生曾经在《呐喊·自序》提到一句话：“有谁从小康人家而坠入困顿的么？我以为在这路途中，大概可以看见世人的真面目。”这是一句非常沉痛的话。在他的幼年，他的父亲的长期生病，当店朝奉的面孔，名医生和药店伙计的面孔，家境落后的亲戚朋友面孔，都使这小孩的心版上所刻的创痕很明很深，因为他是长子，因为是幼年丧父，因为是炎凉世味，他就发现了一个非常凄惨的世界，他在学习开刀解剖以前，已学习了许多心理的解剖了。有其幼年的世情刺激，再加以壮年的历经世变，撕去了许多东西的人相，露出那出于意料之外的阴毒之人。于是他和俄国的安特列夫一样，一无穷尽的孤独淡漠，并且面孔永远只是对着阴黑窗外的陷坑了。（方壁《鲁迅论》说，《幸福的家庭》的主人公，幻想终于破灭，幸运的恶化，主要原因都是经济压迫；但不是被压迫者的引吭的绝叫，而是疲荼的宛轻的呻吟，这呻吟直刺入你的骨髓，像冬夜窗缝里的凉风，不由你不骨毛悚然。）

晚年的鲁迅先生，精神上稍有转变，盖自国民革命军北伐的成功和中国苏维埃的成立，给了他一线光明，他从前所认为绝望的没有窗户的铁屋子，好像会有毁坏掉的希望了。近十年间，他的杂感文，比较积极得多；对于制度思想的批评，格外来得努力，若还说这种努力只是以个人的恩怨为主体的“骂人”，那是真是“瞽者无以语于文章之观”，我不想说什么了。

谈鲁迅

◎ 曹聚仁

“鲁迅是莱谟斯，是野兽的奶汁所喂养大的；……他从他自己的道路回到了狼的怀抱。”

——何凝《鲁迅杂感选集·序言》

谈鲁迅的文章已经写得很多了：李何林所编的《鲁迅论》，收集了方壁《鲁迅论》，张定璜《鲁迅先生》，林语堂《鲁迅》那些名篇，最近何凝的《鲁迅杂感选集·序言》又给他以新的估价，似乎不必说什么了。然而，我还想写一点。

鲁迅先生是非常寂寞的；《新青年》时代的同伴，有的飞黄腾达了，有的回到书斋过隐士生涯去了，只剩他漂泊在沙漠上。“凡有一人的主张，得了赞和，是促其前进的；得了反对，是促其奋斗的；独有叫喊于生人中，而生人并无反应，既非赞同，也无反对，如置身毫无边际的荒原，无可措手的了，

这是怎样的悲哀啊!”（呐喊自序）

先前，鲁迅先生曾用了种种方法，麻醉自己的灵魂；在槐荫古屋中抄古碑，过装死的生活；但《新青年》时代以后，就不许他这样做。他的偶或咳嗽声，也许成为文坛的谈话资料，或许成为嘲笑的题材。因此鲁迅吃饭鲁迅走路都写入文坛消息。然而鲁迅先生更寂寞了：仲尼巍巍坐在圣庙里，也得七十二贤分列左右，热闹热闹；文学革命了十来年，只让黄忠老将独打头阵打了一阵，回头看看，后无来者，岂不要倒抽冷气吗？

中国文坛有所谓左翼，却不见所谓右翼。以题材论：甲午中东战争也是发扬民族精神的好题材，可以写成如显克微支的《火与剑》那样伟大的历史小说，却不见有人着笔。神州国光社的万金重赏，也不见勇夫登场。没有右翼的左翼，这文坛真寂寞得可以。左翼文坛之奉鲁迅先生为宗匠，更是滑稽的事；给《呐喊》、《彷徨》以新的评价原是可以的。新评价毕竟不是新作品；以这种博大庞杂万澜齐动的社会题材，竟不见一部伟大作品出来！

鲁迅先生的话早已说完了，走马灯转了过来，又须重新来述说一遍；走马灯永远转不完，他的话只能够说了再说。不长进的孩子，任凭你耳提面命，依旧言者谆谆，听者藐藐，在大人的心头，是如何的痛楚呀！最可异的，当章太炎，汪精卫，胡汉民在东京办《民报》的时候，梁启超的《新民丛报》和他们旗鼓相当，时常大战三百回合愈战愈有精神。在新文坛中，也曾有过创造社和文学研究会，语丝和现代评论的血战。鲁迅先生于是走进他自己所设想的境域。

“他走进无物之阵，所遇见的都对他一式点头。他知道这点头就是敌人的武器，是杀人不见血的武器，许多战士都在此灭亡，正如炮弹一般，使猛士无所用其力。

那些头上有各样旗帜，绣出各种好名称：慈善家，学者，文士，长者，青年，雅人，君子。……头下有各种外套，绣出名式好花样：学问，道德，国粹，民意，逻辑，公义，东方文明。但他举起了投枪。

他微笑，偏侧一掷，却正中了他们的心窝。

一切都颓然倒地——然而只有一件外套，其中无物。无物之物已经脱走，得了胜利，因为他这时成了戕害慈善家等类的罪人。

但他举起了投枪。

他在无物之阵中大踏步走，再见一式地点头，各种的旗帜，各样的外套。……

但他举起了投枪。

他终于在无物之阵中老衰，寿终。他终于不是战士，但无物之物则是胜者。”（野草）

章太炎先生曾在某次讲演中，说起在东京时打笔墨官司的豪兴，言下大有恋恋之意。鲁迅先生当不禁想起陈西滢先生；在战场上遇到敌手，比走入“无物之阵”总痛快一点。

× × ×

有一回，我在车上听到两位车客谈论鲁迅。甲说：“现在白话文，冰心女士的还有点味儿，鲁迅的《阿Q正传》不知说的什么。”乙说：“他们都说《阿Q正传》是最有名的作品呢。”鲁迅先生的小说，对于社会的影响不能算得怎样大；他的最有力量最有影响于社会的作品要算他的讽刺散文。鲁迅先生说明他写文章的态度是这样：“我的确时时解剖别人，然而更多的是更无情面地解剖我自己。发表一点，酷爱温暖的人物已经觉得冷酷了；如果全露我的血肉来，末路正不知要到怎样。我有时也想就此驱除旁人，到那时还不唾弃我的，即使是枭蛇鬼怪，也是我的朋友。”（《坟》的后记。）因此，他的每一篇作品，都面对着现实，给它以无情的赤裸的剖开。从他的作品中，处处照见人们的灵魂隐秘处，使人们觉得有点忸怩。因此，他的敌人非常之多。张三说是道破了他的隐私，李四说是画出了他的丑态，他有点近于孔融，曹操辈最不高兴他。

有人以为讽刺作家的基点是“憎恨”，那是错的；讽刺家的基点在于“怜悯，”——最深切的同情。鲁迅先生他看见赵家的狗，赵贵翁的眼色，看见说咬你几口的女人，看见青面獠牙的笑，看见孔乙己的偷窃，看见老栓买红馒头给小栓治病，看见红鼻子老拱和蓝皮阿五，看见九斤老太，七斤嫂，六斤等的一家，看见阿 Q 的枪毙，一句话，他看见一群在 Sphinx 脚爪下的可怜虫。其实你与我，连鲁迅先生自己都在内，谁不在 Sphinx 的脚爪下婉转，哀呻？对于同命运的人，我们忍得憎恨吗？所以鲁迅的笔底，像是最无情的剥露，实是最恳切的同情。

鲁迅先生伟大在此。

钱 玄 同

周作人

我近来常想能够有工夫写几节《畸人所知录》下来，因为我知道有不少的人，在社会上很有点声名，当作是个奇人，但是据我所知的事实，却实在是平平常常的，觉得有说明的必要。第一个我便举出钱玄同来：

钱夏字玄同，后来又名疑古玄同。我们认识他最初在光绪戊申（一九〇八）年，从太炎先生《民报》社听讲《说文》，那时他还用旧号曰“德潜”，及民国六年在北京相见，已改字曰玄同了。他的初期的特色是复古。文字他主张用小篆，事实上不可能，则改用楷书的笔势写篆书，给太炎先生写刻《小学答问》，后来还有《三体石经考》，也是用的这笔法。写信也是“某人足下，近候何若，……”末了说“某顿首”。至于文章之拟古，那更不用说了。辫子去掉了固然很好，但也不固执的要梳头，只是这袍子马褂的胡服总是不好，要复古一下来穿“深衣”。这根据古书来复制，乃是白布斜领，着起来很有点像“孝袍”，看去有点触目。他却不顾一切，做了一件，穿了到教育司办公，不过这个我并没亲见，只是传闻如此罢了。

第一期的“复古”做得很彻底。第二期便来个“反复古”运动，同样的彻底，不过传播得更广远了。自从“洪宪帝制”以后，一般有心的人都觉得中国这样情形是很危险的，非有一个大的变更不可，接着是欧战结束，便引起了中国的新文化运动来了。《新青年》便当了这运动的代言人，标榜民主和科学，对于国内事物凡是旧的都在反对之列，举凡人家所称为国粹的，国学、国文、国医、国术、国剧，都被看作“国滓”，一律予以痛击。他的两句口号——“选学妖孽，桐城谬种”，一直为旧家者所痛心疾首，尤其是对于旧道德“纲常”之攻击，更被人视为“洪水猛兽”，欲得而甘心。最有名的林琴南的两篇小说，在《荆生》里假借了荆生这一个旧礼教的保护人，对这班人加以惩创，小说里的“金心异”这人，便是玄同，所以鲁迅后来的文章中，就以金心异作玄同的外号。现在看起来，他对于中国文化遗产的某些方面缺乏理解，这是缺点，但在他那时也是无怪的，当时如稍一让步，便是对于旧派承认妥协，再也不能坚持攻击了。正如征求“青年必读书”的时候，鲁迅坚决地主张现代青年不必读旧书，一部也没有开，所以玄同也赞成将旧书扔进茅厕去。这极端的反复古主义，玄同坚持到底，虽然他在学术上仍旧弄他的文字学。至于经学，则仍然遵从老师崔觯甫的教训，相信今文说，别号“饼斋”，表示乃是“卖饼家”何邵公之徒。关于这一方面的学术问题，著有《重论经今古文学问题》一篇，最有价值，作为标点本《新学伪经考》的序文，登在原书上面。

“经今古文学”的论争乃是反复古运动之一面，发见于经学方面的，在这问题上他坚持下去，一直没有变更，虽然在别的艺术上多少有些让步。他把自己的别号改作“疑古”，表示他的态度。照道理说来，康有为那种《新学伪经考》也是从疑古思想出发的，但是他更推得远一点，不但是经，便是史的方面，也都处处显出可疑罢了。他的思想显得“过激”，往往有人误解，觉得脾气一定乖僻，不好对付吧，其实是不然的。他对人十分和平，总是笑嘻嘻的。诚然他有他的特殊脾气，假如要他去见“大人先生”，那么他听见名字，便要老实不客气的骂起来，叫人下不来台，若是平常作为友人往来，那是和平不过的。他论古严格，若和他讨论现代问题，却又是最通人情世故的。他反对国文和艺术，可是他藏书极多，对于古诗文亦多了解，又善书法，晚年写唐人写经，时时给人家书题封面。说起他来，常把他当作怪人，其实是很平常的，知识广博，趣味丰富，朋友不可多得的人。

一九五七年

许地山的旧话

周作人

我与许地山君的相识是起源于组织“文学研究会”的事，那时候大概在一九二一年吧。首先认识的是瞿菊农，其时他在燕京大学念书，招我到燕大文学会讲演，题目是“圣书与中国文学”，随后他和郑振铎、许地山、耿济之等发起组织一个文学团体，在万宝盖胡同耿宅开会，这就是文学研究会的开头。我在那时与地山相识，以后多少年来常有来往，因为他没有什么崖岸，看见总是笑嘻嘻的一副面孔，时常喜欢说些诙谐话，所以觉得很可亲近，在文学研究会的朋友中特别可以纪念。

一九二二年的秋天我到燕京大学去教书，地山分大概已经毕业了好几年了。那时我同老举人陈质甫瓜分燕大的国文课，他教的是古典国文，我担任现代国文，名称虽是“主任”，却是唱的独角戏，学校里把地山给我做助教，分任我的“国语文学”四小时的一半。这样关系便似乎更是密切了，但是后来第二三年他就不担任功课，因为以后添聘了讲师，仿佛是俞平伯。他住在燕大第一院便是神科的一间屋子里，我下了课有时就到那里去看他，常与董秋斯遇见，那时名董德明，还在燕大读书，和蔡咏裳当是同学吧。不过不晓得因为什么缘故，据说燕大不大喜用本校毕业生，或者须得到美国去镀了金才有价值吧，所以地山在燕大当然不大能得意。他似乎是宗教学院即是神科毕业的，但他的专业是佛教，搞的又是文学，那也无怪他无用武之地了。他也到外国去留过学，不过不是英美而是印度，虽然也是大英帝国的一部分，但是究竟不同了。他也给在燕大的“引得编纂处”工作过，记得编有两大册关于佛经的引得，从前他曾经送给我一部，可是经过国民党的劫收，书籍荡尽，这书也就不可问，就是书名现在也不记得了。近日于故纸堆中找到地山的书札两通，都是与佛书有点关系的，这是我所保存的他的手迹了。其一是民国十七年（一九二八）一月三十一日自海甸成府寄出的，其时燕大已经迁移在西郊了。

“启明兄：胡君所说的《义净梵汉千字文》是弟×（一字不明）买的，有工夫请您费神代为邮购，多谢多谢。请问近安，弟许地山谨曰。正月三十一日。”地山的字虽然并不难认，但用秃笔涂写，所以里边有一个字不能辨认，从文义上说该是托买，但在字形上看来有点像是寄字。其二云：

“《梵语千字文》已经收到，谢谢。正欲作书问价，而来片说要相赠，既烦邮汇，复蒙慨赐，诚愧无以为报。关于日本出版梵佛旧籍，如有目录，请于便中费神检寄一二，无任感荷，即颂文安，弟许地山，二月二十四。”

地山从留学回来以后，记得有一次听他谈印度的情形，觉得很是好玩。他说印度的有些青年人很可以谈得来，但是你得小心，千万不要轻易相信，这并不是说他要欺骗你，其实他是蛮好的人，只是他们似乎有一种玄妙的空气，仿佛都是什么不在乎的样子，所以假如一个同学说定明天到他那里去，还约你吃中饭，最好还是不赴约，因为不但没有东西吃，他也不会在家里等你的。把世上的事情看得那么样的空虚，也的确是值得佩服，但是唯独有一件事决不看得轻微的，那便是他们特有的身份和阶级。印度于四姓之外还有“不可接触的贱民”，他们的隔离是非常严重的，可是在现代的商业上有不可免的交涉，于是便发生了很好玩的办法。譬如卖汽水的，这在印度夏天十分的必要，但是摊主是婆罗门，你却是戊陀螺，怎么能成交呢？那时便有一个卖土器的摊，一定设在汽水摊的旁边，你要吃汽水，必须先去买一个土器，随后拿着去买汽水，可是千万不要把杯子搁到摊上去，要等那主人把汽水开了，远远的举着，将汽水倒在你的杯子里，这才可以吃，到了吃完以后便将杯一摔，所以在那汽水摊旁必定有一大堆土器的碎片在那里。现在虽已事隔三四十年了，社会情形不知道有了什么改变。那时在学的青年现今正好有为，我记起地山的旧话，又想到前些时客人们“辛尼印地巴依巴依”的呼声，禁不住要微笑起来了。印度从释迦牟尼以来，甘地曾经敢于走入“不可触者”的部落去，一同生活，至于他的弟子们却仍旧是一班印度绅士罢了。

地山在母校不得意，终于跑到香港大学去了。不记得是哪一年，他忽然给我一封信来告别，并且附来了两件东西，一件是硬陶器所制的钟馗，右手拿着一把剑，左手里捉了一个小鬼，又一件则是一个浅的花盆，里边种着一种形似芋叶的常绿植物，这种植物一直种了十多年才死，也不知道它叫什么名字。到了香港以后就没有再得地山的消息，后来听说他去世了，却不记得是哪一年了。旧友马五先生马季明是从前燕大的国文系主任，燕大搬到西郊以后我去上课，每周两次，都在他家里吃中饭，这就是饼斋的术语所谓“骗饭”的，听说也继了地山之后任职于港大，旧时还因柳君通讯之便寄语问好，可是也已归了道山，我所认识的马氏五位弟兄于是已经没有一个存留了。

一九六三年九月

我所见的叶圣陶（名绍钧）

朱自清

我第一次与圣陶见面是在民国十年的秋天。那时刘延陵兄介绍我到吴淞炮台湾中国公学教书。到了那边，他就和我说："叶圣陶也在这儿。"我们都念过圣陶的小说，所以他这样告我。我好奇地问道："怎样一个人？"出乎我的意外，他回答我："一位老先生哩。"但是延陵和我去访问圣陶的时候，我觉得他的年纪并不老，只那朴实的服色和沉默的风度与我们平日所想象的苏州少年文人叶圣陶不甚符合罢了。

记得见面的那一天是一个阴天。我见了生人照例说不出话；圣陶似乎也如此。我们只谈了几句关于作品的泛泛的意见，便告辞了。延陵告诉我每星期六圣陶总回家，他很爱他的家。他在校时常邀延陵出去散步；我因与他不熟，只独自坐在屋里。不久，中国公学忽然起了风潮。我向延陵说起一个强硬的办法；——实在是一个笨而无聊的办法！——我说只怕叶圣陶未必赞成。但是出乎我的意外，他居然赞成了！后来细想他许是有意优容我们吧；这真是老大哥的态度呢。我们的办法自然是失败了，风潮延宕下去；于是大家都住到上海来。我和圣陶差不多天天见面；同时又认识了西谛，子同诸兄。这样经过了一个月；这一个月实在是我的很好的日子。

我看出圣陶始终是个寡言的人。大家聚谈的时候，他总是坐在那里听着。他却并不是喜欢孤独，他似乎老是那么有味地听着。至于与人独对的时候，自然多少要说些话；但辩论是不来的。他觉得辩论要开始了，往往微笑着说："这个弄不大清楚了。"这样就过去了。他又是个极和易的人，轻易看不见他的怒色。他辛辛苦苦保存着的《晨报》副张，上面有他自己的文字的，特地从家里捎来给我看；让我随便放在一个书架上，给散失了。当他和我同时发现这件事时，他只略露惋惜的颜色，随即说："由他去末哉，由他去末哉！"我是至今惭愧着，因为我知道他作文是不留稿的。他的和易出于天性，并非阅历世故，矫揉造作而成。他对于世间妥协的精神是极厌恨的。在这一月中，我看见他发过一次怒；——始终我只看见他发过这一次怒——那便是对于风潮的妥协论者的蔑视。

风潮结束了，我到杭州教书。那边学校当局要我约圣陶去。圣陶来信说："我们要痛痛快快游西湖，不管这是冬天。"他来了，叫我上车站去接。我知道他到了车站这一类地方，是会觉得寂寞的。他的家实在太好了，他的衣着，一向都是家里管。我常想，他好像一个小孩子；像小孩子的天真，也像小孩子的离不开家里人。必须离开家里人时，他也得找些熟朋友伴着；孤独在他简直是有些可怕的。所以他到校时，本来是独住一屋的，却愿意将那间屋做我们两人的卧室，而将我那间做书室。这样可以常常相伴；我自然也乐意。我们不时到西湖边去；有时下湖，有时只喝喝酒。在校时各据一桌，我只预备功课，他却老是写小说和童话。初到时，学校当局来看过他。第二天，我问他，“要不要去看看他们?”他皱眉道：“一定要去么？等一天吧。”后来始终没有去。他是最反对形式主义的。

那时他小说的材料，是旧日的储积；童话的材料有时却是片刻的感兴。如《稻草人》中《大喉咙》一篇便是。那天早上，我们都醒在床上，听见工厂的汽笛；他便说：“今天又有一篇了，我已经想好了，来的真快呵。”那篇的艺术很巧，谁想他只是片刻的构思呢！他写文字时，往往拈笔伸纸，便手不停挥地写下去；开始及中间，停笔踌躇时绝少。他的稿子极清楚，每页至多只有三五个涂改的字。他说他从来是这样的。每篇写毕，我自然先睹为快；他往往称述结尾的适宜，他说对于结尾是有些把握的。看完，他立即封寄《小说月报》；照例用平信寄。我总劝他挂号；但他说：“我老是这样的”。他在杭州不过两个月，写的真不少，教人羡慕不已。《火灾》里从《饭》起到《风潮》这七篇，还有《稻草人》中一部分，都是那时我亲眼看他写的。

在杭州待了两个月，放寒假前，他便匆匆地回去了；他实在离不开家，临去时让我告诉学校当局，无论如何不回来了。但他却到北平住了半年，也是朋友拉去的。我前些日子偶翻十一年的《晨报副刊》，看见他那时途中思家的小诗，重念了两遍，觉得怪有意思。北平回去不久，便入了商务印书馆编译部，家也搬到上海。从此在上海待下去，直到现在——中间又被朋友拉到福州一次，有一篇《将离》抒写那回的别恨，是缠绵悱恻的文字。这些日子，我在浙江乱跑，有时到上海小住，他常请了假和我各处玩儿或喝酒。有一回，我便住在他家，但我到上海，总爱出门，因此他老说没有能畅谈；他写信给我，老说这回来要畅谈几天才行。

十六年一月，我接眷北来，路过上海，许多熟朋友和我饯行，圣陶也在。那晚我们痛快地喝酒，发议论；他是照例地默着。酒喝完了，又去乱走，他也跟着。到了一处，朋友们和他开了个小玩笑；他脸上略露窘意，但仍微笑地默着。圣陶不是个浪漫的人；在一种意义上，他正是延陵所说的“老先生”。但他能了解别人，能谅解别人，他自己也能“作达”，所以仍然——也许格外——是可亲的。那晚快夜半了，走过爱多亚路，他向我诵周美成的词，“酒已都醒，如何消夜永!”我没有说什么；那时的心情，大约也不能说什么的。我们到一品香又消磨了半夜。这一回特别对不起圣陶；他是不能少睡觉的人。他家虽住在上海，而起居还依着乡居的日子；早七点起，晚九点睡。有一回我九点十分去，他家已熄了灯，关好门了。这种自然的，有秩序的生活是对的。那晚上伯祥说："圣兄明天要不舒服了"。想起来真是不知要怎样感谢才好。

第二天我便上船走了，一眨眼三年半，没有上南方去。信也很少，却全是我的懒。我只能从圣陶的小说里看出他心境的迁变；这个我要留在另一文中说。圣陶这几年里似乎到十字街头走过一趟，但现在怎么样呢？我却不甚了然。他从前晚饭时总喝点酒，"以半醺为度"；近来不大能喝酒了，却学了吹笛——前些日子说已会一出《八阳》，现在该又会了别的了吧。他本来喜欢看看电影，现在又喜欢听听昆曲了。但这些都不是"厌世"，如或人所说的；圣陶是不会厌世的，我知道。又，他虽会喝酒，加上吹笛，却不曾抽什么"上等的纸烟"，也不曾住过什么"小小别墅"，如或人所想的，这个我也知道。

十年九七月北平清华园。

忆周作人先生

梁实秋

周作人先生住北平西城八道湾，看这个地名就可以知道那是怎样的一个弯弯曲曲的小胡同。但是在这个陋巷里却住着一位高雅的与世无争的读书人。

我在清华读书的时候，代表清华文学社去见他，邀他到清华演讲。那个时代，一个年轻学生可以不经介绍径自拜访一位学者，并且邀他演讲，而且毫无报酬，好像不算是失礼的事。如今手续似乎更简便了，往往是一通电话便可以邀请一位素未谋面的人去讲演什么的。我当年就是这样冒冒失失的慕名拜访。转弯抹角的找到了周先生的寓所，是一所坐北朝南的两进的平房，正值雨后，前院积了一大汪子水，我被引进去，沿着南房檐下的石阶走进南屋。地上铺着凉席。屋里已有两人在谈话，一位是留了一撮小胡子的鲁迅先生，另一位年轻人是写小诗的何植三先生。鲁迅先生和我招呼之后就说："你是找我弟弟的，请里院坐吧。"

里院正房三间，两间是藏书用的，大概有十个八个木书架，都摆满了书，有竖立的西书，有平放的中文书，光线相当暗。左手一间是书房，很爽亮。有一张大书桌，桌上文房四宝陈列整齐，竟不像是一个人勤于写作的所在。靠墙一几两椅，算是待客的地方。上面原来挂着一个小小的横匾，"苦雨斋"三个字是沈尹默写的。斋名苦雨，显然和前院的积水有关，也许还有屋瓦漏水的情事，总之是十分恼人的事，可见主人的一种无奈的心情。（后来他改斋名为"苦茶庵"子。）但见他一袭长衫，意态翛然，背微佝，目下视，面色灰白，短短的髭须满面，语声低沉到令人难以辨听的程度。一仆人送来两盏茶，日本式的小盖碗，七分满的淡淡清茶。我道明来意，他用最简单的一句话接受了我们的邀请。于是我不必等端茶送客就告辞而退，他送我一直到大门口。

从北平城里到清华，路相当远，人力车要一个多小时，但是他准时来了，高等科礼堂有两三百人听他演讲。讲题是《日本的小诗》。他特别提出所谓俳句，那是日本的一种诗体，以十七千字为一首，一首分为三段，首五字，次七字，再五字，这是正格，也有不守十七字之限者。这种短诗比我们的五言绝句还要短。由于周先生语声过低，乡音太重，听众不易了解，讲演不算成功。幸而他有讲稿，随即发表。他所举的例句都非常有趣，我至今还记得的是一首松尾芭蕉的作品，好像是“听呀，青蛙跃入古潭的声音！”这样的一句，细味之颇有禅意。此种短诗对于试写新诗的人颇有影响，就和泰戈尔的散文诗一样，容易成为模拟的对象。

民国二十三年我到了北京大学，和周先生有同事三年之雅。在此期间我们来往不多，一来彼此都忙，我住东城他住西城相隔甚远，不过我也在苦雨斋作过好几次的座上客。我很敬重他，也很爱他的淡雅的风度。我当时主编一个周刊《自由评论》，他给过我几篇文稿，我很感谢他。他曾托我介绍把他的一些存书卖给学校图书馆。我照办了。他也曾要我照拂他的儿子周丰一（在北大外文系日文组四年级），我当然也义不容辞。我在这里发表他的几封短札，文字简练，自有其独特的风格。

周先生晚节不终，宦事敌伪，以至于身系缧绁，名声扫地，是一件极为可惜的事。不过他所以出此下策，也有其远因近因可察。他有一封信给我，是在抗战前夕写的：

实秋先生：手书敬悉。近来大有闲，却也不知怎的又甚忙，所以至今未能写出文章，甚歉。看看这“非常时”的四周空气，深感到无话可说，因为这（我的话或文章）是如此的不合宜的。日前曾想写一篇关于《求己录》的小文，但假如写出来了，恐怕看了赞成的只有一个一《求己录》的著者陶葆廉吧？等写出来可以用的文章时，即当送奉，匆匆不尽。

作人启　七日夜

关于《求己录》的文章虽然他没有写，我们却可想见他对《求己录》的推崇，按《求己录》一册一函，光绪二十六年杭州求是书院刊本，署芦泾遁士著，乃秀水陶葆廉之别号。陶葆廉是两广总督陶模（子方）之子，久佐父幕，与陈三立、谭嗣同、沈雁潭合称四公子。作人先生引陶葆廉为知己，同属于不合时宜之列。他也曾写信给我提到“和日和共的狂妄主张”。是他对于抗日战争早就有了他自己的一套看法。他平夙对于时局，和他哥哥鲁迅一样，一向抱有不满的态度。

作人先生有一位日籍妻子。我到苦茶庵去过几次没有拜见过她，只是隔着窗子看见过一位披着和服的妇人走过，不知是不是她。一个人的妻子，如果她能勤俭持家相夫教子而且是一个“温而正”的女人，她的丈夫一定要受到她的影响，一定爱她，一定爱屋及乌的爱与她有关的一切。周先生早年负笈东瀛，娶日女为妻，对于日本的许多方面有好的印象是可以理解的。我记得他写过一篇文章赞美日本式的那种纸壁地板蹲坑的厕所，真是匪夷所思。他有许多要好的日本朋友，更是意料中事，犹之鲁迅先生之与上海虹口的内山书店老板过从甚密。

抗战开始，周先生舍不得离开北平，也许是他自恃日人不会为难他。以我所知，他不是一个热衷仕进的人，也异于鲁迅之偏激孤愤。不过他表面上淡泊，内心里却是冷峭。他这种心情和他的身世有关。一九八二年九月二十日《联合报》万象版登了一篇《高阳谈鲁迅心头的烙痕》：

鲁迅早期的著作，如《呐喊》等，大多在描写他的那场“家难”；其中主角是他的祖父周福清，同治千年三甲第十五名进士，外放江西金溪知县。光绪四年因案被议，降级改为“教谕”。周福清不愿做清苦的教官，改捐了一个“内阁中书”，做了十几年的京官。

光绪十九年春天，周福清丁忧回绍兴原籍。这年因为下一年慈禧太后六旬万寿，举行癸巳恩科乡试；周福清受人之托，向浙江主考贿买关节，连他的儿子也就是鲁迅的父亲周用吉在内，一共是六个人，关节用“宸衷茂育”字样；另外“虚写银票洋银一万元”，一起封入信封。投信的对象原是副主考周锡恩，哪知他的仆人在苏州误投到正主考殷如璋的船上。殷如璋不知究竟，拆开一看，方知贿买关节。那时苏州府知府王仁堪在座，而殷如璋与周福清又是同年，为了避嫌疑起见，明知必是误投，亦不能不扣留来人，送官究办。周福清就这样吃上了官司。

科场舞弊，是件严重的事。但从地方到京城，都因为明年是太后六十万寿，不愿兴大狱，刑部多方开脱，将周福清从斩罪上量减一等，改为充军新疆。历久相沿的制度是，刑部拟罪得重，由御笔改轻，表示

“恩出自上”；但这一回令人大出意外，御着批示：“周福清着改为斩监候，秋后处决。”

这一来，周家可就惨了。第二年太后万寿停刑，固可多活一年；但自光绪二十一年起。每年都要设法活动，将周福清的姓名列在“勾决”名册中“情实”一栏之外，才能免死。这笔花费是相当可观的；此外。周福清以“死囚”关在浙江臬司监狱中，如果希望获得较好的待遇，必须上下“打点”，非大把银子不可。周用吉的健康状况很差。不堪这样沉重的负担，很快地就去世了。鲁迅兄弟被寄养在亲戚家，每天在白眼中讨生活；十几岁的少年，由此而形成的人格，不是鲁迅的偏激负气，就是周作人的冷漠孤傲，是件不难想像的事。

鲁迅心头烙痕也正是周作人先生的心头烙痕，再加上抗战开始后北平爱国志士那一次的枪击，作人先生无法按捺他的激愤，遂失足成千古恨了。在后来国军撤离南京的前夕，蒋梦麟先生等还到监牢去探视过他，可见他虽然是罪有应得，但是他的老朋友们还是对他有相当的眷念。

一九七一年五月九日《中国时报》副刊有南宫搏先生一文《于〈知堂回想录〉而回想》，有这样的一段：

我曾写过一篇题为《先生，学生不伪!》不留余地指斥学界名人傅斯年。当时自重庆到沦陷区的接收大员，趾高气扬的不乏人，傅斯年即为其中之一。我们总以为学界的人应该和一般官吏有所不同，不料以清流自命的傅斯年在北平接收时，也有那一副可憎的面目，连“伪学生”也说得出口！——他说“伪教授”其实也可恕了。要知政府兵败，弃土地人民而退，要每一个人都亡命到后方去，那是不可能的。在敌伪统治下，为谋生而做一些事，更不能皆以汉奸目之，“饿死事小，失节事大”，说说容易，真正做起来，却并不是叫口号之易也。何况，平常做做小事而谋生，遽加汉奸帽子，在情在理，都是不合的。

南宫搏先生的话自有他的一面的道理，不过周作人先生无论如何不是“做做小事而谋生”，所以我们对于他的晚节不终只有惋惜，无法辩解。

晚年的周作人

文洁若

学者型的翻译家

一九六五年四月四日，周作人在致鲍耀明的信中写道：“知海外报刊时常提及鄙人，无论是称赞或骂，都很可感，因为这比默杀好得多。”

近十年来，研究周作人这个经历复杂的文化人的论著多了起来。五十年代末直到“文革”前夕，由于工作关系，我曾与周作人有过颇为频繁的联系。我愿把我直接观察到的和间接听到的周作人的侧面，做些记载。

一九五二年八月，人民文学出版社开始向周作人组稿，请他翻译希腊及日本古典文学作品。一九五八年十一月，出版社外国文学编辑部指派我负责日本文学的组稿、编辑工作，同时，向我交代了一项特殊任务：约周作人及钱稻孙二位翻译别人不能胜任的日本古典文学作品。当时，他们在出版社算是编制外的特约译者。七年间，我曾向周作人组过四部稿子：《石川啄木诗歌集》、《浮世理发馆》、《枕草子》和《平家物语》，均系日本文学史上较为深奥的经典名著，现已出齐。我还请他校订过一部长篇巨著《今昔物语》，并鉴定过两万字的《源氏物语》中译文校勘记，重译过十万字的《日本狂言选》。

八道湾周宅是周作人一直居住的地方，我每次去联系工作，事先总写封信，并按照约定的时间到达。不论什么时候去，他的书房里总是窗明几净。书桌上只摆着笔砚、稿纸和原著，此外，连张纸片都不见。多年后我曾问过周作人的长子周丰一的妻子张茭芳。是否因为出版社有人来谈工作才特别收拾了一下。她说，周作人向来极爱整洁，书稿井井有条。工具书都各有固定的地方，用毕必放回原处。她还告诉我，周作人每天伏案工作达十小时以上，而且都是自己研墨，毛笔正楷，从来不用钢笔。他不打底稿，改动很少，考虑好了再下笔。

八旬高龄的周作人给我的印象是耳聪目明，头脑清楚，反应敏捷。他曾向我表示，译完《平家物语》后，日本文学当中他还有一部感兴趣的作品：十返舍一九的《东海道徒步旅行记》。可惜由于“文革”浩劫，不但《旅行记》未能开译，连已动手的《平家物语》，他也未能译竣。

近几年来，周作人的遗稿接连问世。《平家物语》在周作人译了七卷的基础上由别人续完，并于一九八四年由人民文学出版社出版，署名周启明、申非译。周作人译的《枕草子》，与王以铸所译《徒然草》并为一卷，以《日本古代随笔选》的书名，出版于一九八八年。《浮世理发馆》与经他本人改译过的《浮世澡堂》，也和《平家物语》、《日本古代随笔选》一样，作为《日本文学丛书》的一卷，出版于一九八九年，均署名周作人。这是他生前最为渴望，然而未能做到的。

早在三十年，周作人就涉足于中日比较文学。日本著名作家谷崎润一郎在《冷静与悠闲——对周作人氏的印象》一文中写道："他把江户时代的平民文学与中国明清俗文学加以比较，并称赞了一九的《东海道徒步旅行记》和三马的《浮世澡堂》与《浮世理发馆》的独创性，说明他最能够真正理解日本民族的长处。"

看看这位日本文豪对周作人学术的评价，使人感到，作为一位五四时期的翻译家，他确有独到之处。十返舍一九和式亭三马为日本两大滑稽小说家。前者的《东海道徒步旅行记》讽刺了江户时代一些人趋炎附势、阿谀逢迎、假充行家等卑劣行径，穿插了各地的风俗奇闻。后者的《浮世澡堂》和《浮世理发馆》通过出入于澡塘子和理发馆的男男女女的对话，反映了世态人情，诙谐百出，妙趣横生。

解放后周作人为人民文学出版社译的日本古典作品，从八世纪初的《古事记》、十一世纪的女官清少纳言的随笔《枕草子》、十三世纪的《严家物语》、十四世纪的《日本狂言选》、十八世纪的《浮世澡堂》和《浮世理发馆》，以至本世纪的《石川啄木诗歌集》，时间跨度达一千多年。每一部作品，他译起来都挥洒自如，与原作不走样。最难能可贵的是，不论是哪个时代的作品，他都能够从我国丰富的语汇中找到适当的字眼加以表达。这充分说明他中外文学造诣之深。

我从事编辑工作近四十年，遇到蹩脚的稿子，只得哑巴吃黄连：谁叫自己没有眼光，竟找了个不够格的译者。于是，为了对读者负责，就硬着头皮逐字校订，工作远远超过了编辑加工的范围。周作人的稿子，我也总是搬出原文来核对，但这是为了学习，不仅从未找到差错，遇到译得精彩处，还不禁拍案叫绝。

周作人每译一部作品，都力所能及地多找几种版本，然后选定自己认为最可靠的版本，如果个别词句和注释参考了其他版本，就在注文中一一说明。每部译稿，他必加上详细的注释，并在前言后记中交代作者生平、作品的历史背景、艺术特色等。他立论精辟，提纲挈领，深入浅出，恰到好处。

为人讲究作风，写文讲究文风，从事翻译，也应讲求译风。周作人对待外国文学翻译工作，态度谨严，仔细认真，是当作毕生事业来搞的。这方面，大有值得借镜之处。

他擅长翻译讽刺幽默作品，不但以传神之笔，译了日本文学史上这方面的两部代表作；并曾从古希腊文直接翻译过

《伊索寓言》以及对希腊诸神进行喜剧式讽刺的《卢奇安对话集》（周作人的日记里写作“路喀阿诺斯的对话集”）。他还为人民文学出版社的古典部校订过《明清笑话四种》，该书于一九五八年三月问世。在引言中，他详尽地介绍了中国笑话的历史。

周作人搞翻译不仅结合研究，而且每译完一部作品，必在日记中写些感想。译毕《石川啄木诗歌集》，他就表示：“其实他（指石川啄木）的诗歌是我所顶喜欢的，……日本的诗歌无论和歌俳句，都是言不尽意，以有余韵为贵；唯独啄木的歌我们却要知道他歌外附带的情节，愈详细的知道便愈有情味。所以讲这些事情的书，在日本也很出了些，我也设法弄一部分到手，尽可能地给那些歌做注释，可是印刷上规定要把小注排在书页底下，实在是没有地方，那么也只好大量的割爱了。”

周作人对译稿十分认真。他是一位学者型的翻译家。他原希望在书后多加一些注释，可是出版社要求他压缩从简，最后只好在页末略加几条简单的注。他为此十分惆怅，甚至提起这部译作便觉得“没有多大意思”、“没有什么可喜的”了。

周作人有时给人以傲慢的印象。一九五二年，他受上海文化生活出版社之托，曾为从事日译中工作的日籍女翻译家萧萧校订过高仓辉的《箱根风云录》。此书当年在该社出版后，又于一九五八年由人民文学出版社重排出版。一次，萧萧笑嘻嘻地告诉我，周作人曾感慨系之地对人说："没想到我今天竟落魄到为萧萧之流校订稿子了。"言下流露出不屑的意味。但他既然答应下来，还是认真负责地完成了这项任务。

然而在名著面前，作为翻译家他是十分谦逊的。关于《枕草子》，他写道："一九六〇年起手翻译《枕之草子》，这部平安时代女流作家的随笔太是有名了，本来是不敢尝试，后来却勉强担负下来了，却是始终觉得不满意，觉得是超过自己能力的工作。"其实，这部与《源氏物语》并称为日本平安时代文学双璧的随笔《枕草子》，周作人译得非常出色。这段话也说明他对自己的要求严格。

日本文学的译稿中，周作人自己比较满意的是《浮世澡堂》和《浮世理发馆》。早在一九三七年二月，他就在《秉烛谈》一文中介绍了这两部作品。五十年代译完它们，他写道："我在写那篇文章二十年之后，能够把三马的两种滑稽本译了出来，并且加了不少的注解，这是我所觉得十分高兴的事。"

周作人在日记和书信中屡次提及希腊作品《卢奇安对话集》，甚至在一九六五年四月二十六日最后改定的遗嘱中，关于此稿还写道："余一生文字无足称道，唯暮年所译希腊对话是五十年来的心愿，识者当自知之。"并在遗嘱前云："以前曾作遗嘱数次，今日重作一通，殆是定本矣。"

世上有几位翻译家写遗嘱时，还念念不忘自己一生的译事呢？

悲惨的结局

倘若没有“文革”这场浩劫，周作人在人民政权下，老境本来还是平静的。

从经济情况来说，一九五五年一月至一九五九年十二月，人民文学出版社按月预付给周作人稿费二百元，而对另一位特约译者钱稻孙。当时则只预付一百元。这数目当然是上级决定的，一九六〇年一月起，进而增加到四百元。同一时期，则只给钱稻孙每月一百五十元。当然，周作人的交稿量也比钱稻孙多，他每月都必有稿子寄来。

一九六四年，全国城乡掀起社会主义教育运动（即四清），当时周作人译的是古典作品，但即使拿最高的稿费标准算，他历年预支的稿费也大大超过了他已交的稿子所能得到的报酬。于是，决定把他的待遇减半。出版社领导怕我只身去还不足以说服周作人，便先后两次派一位党员同志陪我一道去向他说明。这样，自一九六四年九月起，预付给他的稿费就由每月四百元减为二百元。好在当时他那久病的老伴已去世，否则付医药费会给他带来困难。

我最后一次去看望周作人，是一九六五年二月二十二日。那天我是去约他翻译《平家物语》的，他当即答应了。当年十一月上旬，我赴河南林县参加社会主义教育运动，走前收到了

《平家物语》一、二两卷的译稿。次年五月回京，看到周作人挂号寄来的五包稿子：三至七卷。从他生前最后这个阶段的翻译来看，速度和质量都不减当年。倘若再给他两年时间，完全可以把《平家物语》和《东海道徒步旅行记》译竣。

然而一九六六年形势急转直下。出版社的业务已陷于停顿状态。当时的“革命”措施之一，就是自当年六月起，停付周作人、钱稻孙的预支稿酬。到了六月中旬，两位不谙外间事的老人还曾分别写信来质问此事。我把信交给了财务科，并回信向他们解释说，这件事我实在无能为力。那阵子，在如火如荼的群众运动中，“三名三高”遭到炮轰，历史清白的著译者尚遭贬斥，历史上有污迹的更是活靶子。事实上，他们所译的作品早已被斥为“大毒草”，而五十年代以来出版社领导在上级指示下利用他们的专长，组织他们翻译作品，并预付稿酬，就更被痛斥为“招降纳叛”。

“文革”前，领导上常常说：“要趁着周作人、钱稻孙还健在，请他们把最艰深的古典作品译出来，并花高价买下。现在不能出版，将来总可以出版。”为文化积累，这本来是颇有卓见的。“文革”期间，这番话被攻击成“为资本主义全面复辟做准备”，当时社领导统统被关进了“牛棚”。

这项经济来源断绝后，周家就靠周丰一夫妇的工资来维持。那时周和子已大学毕业，能自食其力了，但加上老保姆，尚有八口人。周丰一自从于一九五七年被错划为右派后，降了好几级，他的妻子张茨芳也因受家庭的连累，解放后从未加过薪。

六月二十五日，张茨芳陪着她老公公到协和医院去看病，确诊为前列腺肿瘤（五月间因发现尿中有血，也曾去过一次协和，未确诊)。周作人不属于任何单位，也就享受不到公费医疗。还是一位好友，尽管自己也不宽裕，却借给他五十元作医药费。不过，大夫说，这是良性的，不需要割除，也不会发展。这以后，他再也未去过医院，所以社会上所传他死于前列腺癌一说，不确。

“文革”中，周作人当然是在劫难逃。

周氏三兄弟的母亲鲁老太太是一九四三年去世的。她的牌位和周作人的女儿若子、周建人的儿子丰子的牌位一道，一直供奉在周作人家的佛龛上。周作人的日籍妻子羽太信子生前，每餐必先在牌位前供上饭食。

一九六四年，我去参观过鲁迅博物馆。那是以宫门口西三条的鲁迅故居为基础而盖起来的。鲁老太太在世时住过的屋子里，挂着她的巨幅遗照，受到参观者的景仰——因为她的大儿子是鲁迅。而同一位老太太的牌位，只由于供在二儿子周作人家，“文革”中就也跟着遭了殃。

一九六六年八月二十二日，一群红卫兵冲进八道湾周家，首先砸的就是鲁母的牌位。

到了二十四日早晨，红卫兵索性把房子统统查封，并将周作人拉到院中的大榆树下，用皮带、棍子抽打。为首的红卫兵看到周作人年迈，就提醒手下的小将们：“不要打头部，得给他留下活口；好叫他交代问题。”及至周作人的儿子周丰一从北图回来吃午饭，他们便把他扣下。当时年已五十四的丰一只好代老父挨打。小将们对丰一可就毫不留情了，以致他的右腿被打坏，顿时昏死过去。直到二十四年后的今天还有后遗症，经常发麻，行走不便。周作人的几个孙男孙女自然也跪在旁边“陪绑”。

周家的后罩房正对着“老虎尾巴”——即正房后身加盖的一大间屋子，门就开在后院。当天晚上一批红卫兵就占领了这间屋子，以便监视周氏一家老少。于是，周作人只好蜷缩在后罩房的屋檐底下，后来他两腿实在支持个住，就干脆卧倒了。这样过了三天三夜。幸而他们还有个老保姆，她住在西跨院。她把炊具搬到自已屋，曾给他们做点简单的吃食悄悄地送来。

及至下起雨来，周作人的儿媳张莫芳便硬着头皮去找红卫兵。她央求说；“我们也不能老呆在露天底下呀，好歹给我们个安身的地方吧。”

周丰一一家七口人住的四间房中，有一间半和周作人所住的那三间有门相通。靠东边的两间半则是用墙隔死了的，所以红卫兵便启开封条，叫他们呆在那里。至于周作人。只允许他睡在洗澡间。后院的东墙根下有两间平房。北边那间是厨房，南边的是日本式澡堂。周作人在《我的工作》（六）一文中曾对自己《浮世澡堂》这部译作表示过满意，当他进入耄耋之龄竟然躺在自己家澡堂的踏板上时，真不知他曾作何感想？澡堂里格外潮湿，适值夏末初秋，这位曾经是养尊处优的知堂老人，此刻给成群的毒蚊子咬得体无完肤。

不久，周丰一作为"摘帽右派"，被揪回北图关进"牛棚"。半个月后张菼芳于心不忍，向红卫兵求了情，算是在厨房的北角为老公公东拼西凑搭了个铺板床，让他卧在那里。

红卫兵为周家规定了生活标准：老保姆是十五元，周作人是十元。他们向粮店打了招呼：只允许周家人买粗粮。周作人因牙口不好，一日三餐只能就着臭豆腐喝点玉米面糊糊。由于营养不良，又黑间白日囚禁在小屋里，他的两条腿很快就浮肿了。在中学当教员的张菼芳，每天还得到学校去集中学习。但回家的路上，她不时地到药铺去为公公买点维生素片，或到副食品商店去买些松软的糕点。待监视的红卫兵睡熟后，就蹑手蹑脚地踅进小屋去，偷偷塞给周作人，老公公每次都感激涕零地念叨："我还不如早点死掉算啦，免得这么牵累你们。"

时间一久，监视得也没那么严了。每逢红卫兵倾巢而出，去参加外面的什么活动，张菼芳便把公公搀扶到门外，让他吸点新鲜空气，晒晒太阳。天冷后，她还给公公装上了炉子，并用旧报纸把窗缝糊严。就这样，总算将一九六六年的严冬对付过去。

住在小东屋，冬天还能靠炉子取暖，真正难熬的是三伏天。不过，这位知堂老人并未活到那个时候。一九六七年五月六日早晨，张荧芳照例给公公倒了马桶，为他准备了一暖瓶开水，就上班去了。红卫兵规定，周作人这间小屋平素是不许人进的。屋里，只有过去做厨房用时装的自来水管以及洗碗槽、灶头等等，连把椅子也没有。那几个月，周作人基本上是躺在铺板上过的。那天中午，照例只有老保姆和周作人在家吃饭。老保姆在自己屋的房檐下熬好玉米面糊糊后，给周作人盛来一碗而已。他吃得干干净净，保姆并未发现他有什么异常征候。

这一天下午两点多钟，住在同院后罩房西端那两间屋里的邻居，偶然隔着玻璃窗往里看了看。只见老人趴在铺板上一动也不动，姿势很不自然。他感到不妙，便赶紧打电话给张荧芳，把她从学校喊了回来。

张荧芳奔回家后，发现老公公浑身早已冰凉了。看光景，周作人是正要下地来解手时猝然发病的，连鞋都没来得及穿就溘然长逝了。

在当时的情形下，家属不可能把遗体送到医院去查明死因，只好匆匆销了户口，送到八宝山去火化了事。甚至骨灰匣他们也没敢拿回来，就寄存在八宝山。但那里只肯保管三年，过期不取，就照规章予以处理。然而，不出三年，这一家人或插队，或去五七干校，早已各奔东西了，哪里还顾得上老人的骨灰!

其实，周作人生前对这方面倒是看得很淡的。他在最后改定的遗嘱中写道："余今年已整八十岁，死无遗恨，姑留一言，以为身后治事之指针。尔死后即付火葬或循例留骨灰，亦随便埋却。人死声销迹灭最是理想。"

然而，周作人死后，并未"声销迹灭"。

在五四文学的研究工作中，周作人仍是一个重点。他既从事写作，又搞翻译。他不但与鲁迅是同胞兄弟，两人一度还曾并肩战斗过。他遗下不少手稿有待整理。他有个保存来信的习惯，一九六六年抄家后，其中一万多封辗转送到了鲁迅博物馆，而今均已发还给遗族，其中不少是具有史料价值的：如陈独秀，钱玄同、沈尹默、钱稻孙以及李大钊夫人和子女们给他的信函。当然也不乏敌伪时期周作人为街坊们帮忙而收到的感谢状。他失过足。我们却从贾芝的文章得悉他一生也做过许多好事。他无疑是本世纪中国文化史及文学史上一位悲剧式人物。

一九九〇年三月二十日

胡适先生二三事

梁实秋

胡先生是安徽徽州绩溪县人，对于他的乡土念念不忘，他常告诉我们他的家乡的情形。徽州是个闭塞的地方。四面皆山，地瘠民贫，山地多种茶，每逢收茶季节茶商经由水路从金华到杭州到上海求售，所以上海的徽州人特多，号称徽帮，其势力一度不在宁帮之下。四马路一带就有好几家徽州馆子。民国十七八年间，有一天，胡先生特别高兴，请努生光旦和我到一家徽州馆吃午饭。上海的徽州馆相当守旧，已经不能和新兴的广东馆四川馆相比，但是胡先生要我们去尝尝他的家乡风味。

我们一进门，老板一眼望到胡先生，便从柜台后面站起来笑脸相迎，满口的徽州话，我们一点也听不懂。等我们扶着栏杆上楼的时候，老板对着后面厨房大吼一声。我们落座之后，胡先生问我们是否听懂了方才那一声大吼的意义。我们当然不懂，胡先生说：“他是在喊：‘绩溪老倌，多加油啊!’”原来绩溪是个穷地方，难得吃油大，多加油即是特别优待老乡之意。果然，那一餐的油不在少。有两个菜给我的印象特别深，一个是划水鱼，即红烧青鱼尾，鲜嫩无比，一个是生炒蝴蝶面，即什锦炒生面片，非常别致。缺点是味太咸，油太大。

徽州人聚族而居。胡先生常夸说，姓胡的、姓汪的、姓程的、姓吴的、姓叶的。大概都是徽州，或是源出于徽州。他问过汪精卫、叶恭绰，都承认他们祖上是在徽州。努生调侃地说：“胡先生，如果再扩大研究下去，我们可以说中华民族起源于徽州了。”相与拊掌大笑。

吾妻季淑是绩溪程氏，我在胡先生座中如遇有徽州客人，胡先生必定这样的介绍我：“这是梁某某，我们绩溪的女婿，半个徽州人。”他的记忆力特别好，他不会忘记提起我的岳家早年在北京开设的程五峰斋，那是一家在北京与胡开文齐名的笔墨店。

胡先生酒量不大，但很喜欢喝酒。有一次他的朋友结婚，请他证婚，这是他最喜欢做的事，筵席只预备了两桌，礼毕入席，每桌备酒一壶，不到一巡而壶告罄。胡先生大呼添酒，侍者表示为难。主人连忙解释，说新娘是 Temperance Lesgue（节酒会）的会员。胡先生从怀里掏出现洋一元交付侍者，他说：“不干新郎新娘的事，这是我们几个朋友今天高兴，要再喝几杯。赶快拿酒来。”主人无可奈何，只好添酒。

事实上胡先生从不闹酒。民国二十年春，胡先生由沪赴平，道出青岛，我们请他到青岛大学演讲，他下榻万国疗养院。讲题是《山东在中国文化里的地位》，就地取材，实在高明之至，对于齐鲁文化的变迁，儒道思想的递嬗，讲得头头是道，娓娓不倦，听众无不欢喜。当晚青大设宴，有酒如渑，胡先生赶快从袋里摸出一只大金指环给大家传观，上面刻着“戒酒”二字，是胡太太送给他的。

胡先生交游广，应酬多，几乎天天有人邀饮，家里可以无需开伙。徐志摩风趣的说：“我最羡慕我们胡大哥的肠胃，天天酬酢，肠胃居然吃得消！”其实胡先生并不欣赏这交际性的宴会，只是无法拒绝而已。民国二十年六月二十一日胡先生写信给我，劝我离开青岛到北大教书，他说：“你来了，我陪你喝十碗好酒！”

胡先生住上海极司菲尔路的时候，有一回请“新月”一些朋友到他家里吃饭，菜是胡太太亲自做的——徽州著名的“一品锅”。一只大铁锅，口径差不多有一呎，热腾腾的端了上桌，里面还在滚沸，一层鸡，一层鸭，一层肉，点缀着一些蛋皮饺，紧底下是萝卜白菜。胡先生详细介绍这一品锅，告诉我们这是徽州人家待客的上品，酒菜、饭菜、汤，都在其中矣。对于胡太太的烹调的本领，他是赞不绝口的。他认为另有一样食品也是非胡太太不办的，那就是蛋炒饭——饭里看不见蛋而蛋味十足，我虽没有品尝过，可是我早就知道其作法是把饭放在搅好的蛋里拌匀后再下锅炒。

胡先生不以书法名，但是求他写字的人太多，他也喜欢写。他作中国公学校长的时候，每星期到吴淞三两次，我每次遇见他都是看到他被学生们里三层外三层的密密围绕着。学生要他写字，学生需要自己备纸和研好的墨。他未到校之前，桌上已按次序排好一卷一卷的宣纸，一盘一盘的墨汁。他进屋之后就伸胳膊挽袖子，挥毫落纸如云烟，还要一面和人寒暄，大有手挥五弦目送飞鸿之势。胡先生的字如其人，清癯消瘦，而且相当工整，从来不肯作行草，一横一捺都拖得很细很长，好像是伸胳膊伸腿的样子。不像瘦金体，没有那一份劲逸之气，可是不俗。胡先生说起蔡孑民先生的字，也是瘦骨嶙峋，和一般人点翰林时所写的以黑大圆光著名的墨卷迥异其趣，胡先生曾问过他，以他那样的字何以能点翰林，蔡先生答说：“也许是因为当时最流行的是黄山谷的字体罢！”

胡先生最爱写的对联是“大胆的假设，小心的求证；认真的做事，严肃的做人。”我常惋惜，大家都注意上联，而不注意下联。这一联有如双翼，上联教人求学，下联教人做人，我不知道胡先生这一联发生了多少效果。这一联教训的意味很浓，胡先生自己亦不讳言他喜欢用教训的口吻。他常说：“说话而教人相信，必须斩钉截铁，咬牙切齿，翻来覆去的说。圣经里便是时常使用 Verily，Verily 以及 Thou shalt 等等的字样。”

胡先生说话并不武断，但是语气永远是非常非常坚定的。

赵瓯北的一首诗“李杜诗篇万口传，至今已觉不新鲜，江山代有才人出，管领风骚五百年”，也是胡先生所爱好的，显然是因为这首诗的见解颇合于提倡新文学者的口味。胡先生到台湾后，有一天我请他到师大讲演，讲的是“中国文学的演变”，以六十八高龄的人犹能谈上两个钟头而无倦色。在休息的时间，《中国语文一月刊》请他题字，他题了三十多年前的旧句：“山风吹散了窗纸上的松影，吹不散我心头的人影。”

胡先生毕生服膺科学，但是他对于中医问题的看法并不趋于极端，和傅斯年先生一遇到孔庚先生便脸红脖子粗的情形大不相同。（傅斯年先生反对中医，有一次和提倡中医的孔庚先生在国民参政会席上相对大骂几乎要挥老拳。）胡先生笃信西医，但也接受中医治疗。

民国十四年二月孙中山先生病危，从医院迁出，住进行馆，改试中医，由适之先生偕名医陆仲安诊视。这一段经过是大家知道的。陆仲安初无藉藉名，徽州人，一度落魄，住在绩溪会馆所以才认识胡先生，偶然为胡先生看病，竟奏奇效，故胡先生为他揄扬，名医之名不胫而走，事实上陆先生亦有其不干凡处，盛名固非幸致。十五六年之际，我家里有人患病即常延陆宋诊。陆先生诊病，无模棱两可语，而且处方下药分量之重令人惊异。药必须要到同仁堂去抓，否则不悦。每服药必定是大大的一包，小一点的药锅便放不进去。贵重的药更要大量使用。他的理论是：看准了病便要投以重剂猛攻。后来在上海有一次胡先生请吃花酒，我发现陆先生亦为席上客，那时候他已是大腹便便、仆仆京沪道上专为要人治病的名医了。

胡先生左手背上有一肉瘤隆起，医师劝他割除，他就在北平协和医院接受手术，他告诉我医师们动手术的时候，动用一切应有的设备，郑重其事的为他解除这一小患，那份慎重行事的态度使他感动。又有一次乘船到美国去开会，医师劝他先割掉盲肠再作海上旅行，以免途中万一遭遇病发而难以处治。他欣然接受了外科手术。

我没看见过胡先生请教中医或服中药，可是也不曾听他说过反对中医中药的话。

胡先生从来不在人背后说人的坏话，而且也不喜欢听人在他面前说别人的坏话。有一次他听了许多不相干的闲话之后喟然而叹曰：“来说是非者，便是是非人！”相反的，人有一善，胡先生辄津津乐道，真是口角春风。徐志摩给我的一封信里有“胡圣潘仙”一语，是因为胡先生向有“圣人”之称，潘光旦只有一条腿可跻身八仙之列，并不完全是戏谑。

但是誉之所至，滂亦随之。胡先生到台湾来，不久就出现了《胡适与国运》匿名小册，（后来匿名者显露了真姓名）胡先生夷然处之，刁二予理会。胡先生兴奋地说，大陆上印出了三百万字清算胡适思想，言外之意《胡适与国运》太不成比例了。胡先生返台定居，本来是落叶归根非常明智之举，但也不是没有顾虑。首先台湾气候并不适宜。一九五七年十一月二十五日给陈之藩先生的信就说，“请胸部大夫检查两次X光照片都显示肺部有弱点（旧的、新的）。此君很不赞成我到台湾的‘潮冷’又‘潮热’的气候去久住。”但是一九五六年十一月十八日给赵元任夫妇的信早就说过：“我现在的计划是要在台中或台北……为久居之计。不管别人欢迎不欢迎，讨厌不讨厌，我在台湾是要住下去的。（我也知道一定有人不欢迎我长住下去。）”可见胡先生决意来台定居，医生的意见也不能左右他，不欢迎他的人只好写写《胡适与国运》罢了。

一九六〇年七月十日胡先生在西雅图举行“中美文化合作会议”发表的一篇讲演，是很重要的文献，原文是英文的，同年七月廿一、廿二、廿三，中央日报有中文译稿。在这篇讲演里胡先生历述中国文化之演进的大纲，结论是“我相信人道主义及理性主义的中国传统，并未被毁灭，且在所有情形下不能被毁灭!”大声疾呼，为中国文化传统作狮子吼，在座的中美听众一致起立欢呼鼓掌久久不停，情况是非常动人。事后有一位美国学者称道这篇演讲具有“丘吉尔作风”。我觉得像这样的言论才算得是弘扬中国文化。当晚，在旅舍中胡先生取出一封复印信给我看，是当地主人华盛顿大学校长欧地嘉德先生特意复印给胡先生的。这封信是英文的，是中国人写的英文，起草的人是谁不问可知，是写给欧地嘉德的，具名连署的人不下十余人之多，其中有“委员”、有“教授”，有男有女。信的主旨大概是说：胡适是中国文化的叛徒，不能代表中国文化，此番出席会议未经合法推选程序，不能具有代表资格，特予郑重否认云云。我看过之后交还了胡先生，问他怎样处理，胡先生微笑着说："不要理他!"我不禁想起《胡适与国运》。

胡先生在师大讲演中国文学的变迁，弹的还是他的老调。我给他录了音，音带藏师大文学院英语系。他在讲词中提到律诗及平剧，斥为"下流"。听众中喜爱律诗及平剧的人士大为惊愕，当时面面相觑，事后议论纷纷。我告诉他们这是胡先生数十年一贯的看法，可惊的是他几十年后一点也没有改变。中国律诗的艺术之美，平剧的韵味，都与胡先生始终无缘。八股、小脚、鸦片。是胡先生所最深恶痛绝的，我们可以理解。律诗与平剧似乎应该属于另一范畴。

胡先生对于禅宗的历史下过很多功夫，颇有心得，但是对于禅宗本身那一套奥义并无好感。有一次朋友宴会饭后要大家题字，我偶然的写了"无门关"的一偈，胡先生看了很吃一惊，因此谈起禅宗，我提到日本铃木大拙所写的几部书，胡先生正色说："那是骗人的，你不可信他。"

怀念胡适先生

梁实秋

胡先生长我十一岁，所以我从未说过“我的朋友胡适之”，我提起他的时候必称先生，晤面的时候亦必称先生。但并不完全是由于年龄的差异。

胡先生早年有一部《留学日记》，后来改名为《藏晖室日记》，内容很大一部分是他的读书札记，以及他的评论。小部分是他私人生活，以及友朋交游的记载。我读过他的日记之后，深感自愧弗如，我在他的那个年龄，还不知道读书的重要，而且思想也尚未成熟。如果我当年也写过一部留学日记，其内容的贫乏与幼稚是可以想见的。所以，以学识的丰俭，见解的深浅而论，胡先生不只是长我十一岁可以说长我二十一岁、三十一岁，以至四十一岁。

胡先生有写日记的习惯。《留学日记》只是个开端，以后的日记更精彩。先生住在上海极斯菲尔路的时候，有一天我和徐志摩、罗努生去看他。胡太太说："适之现在有客，你们先到他书房去等一下。"志摩领头上楼进入他的书房。书房不大，是楼上亭子间，约三、四坪，容不下我们三个人坐，于是我们就站在他的书架前面东看看西看看。志摩大叫一声："快来看，我发现了胡大哥的日记！"书架的下层有一尺多高的一叠稿纸，新月的稿纸。（这稿纸是胡先生自己定制的，一张十行，行二十五字，边宽格大，胡先生说这样的稿纸比较经济，写错了就撕掉也不可惜。后来这样的稿纸就在新月书店公开发售，有宣纸毛边两种。我认为很合用，直到如今我仍然使用仿制的这样的稿纸。）胡先生的日记是用毛笔写的，至少我看到的这一部分是毛笔写的，他写得相当工整，他从不写行草，总是一笔一捺的规规矩矩。最令我们惊异的是，除了私人记事之外，他每天剪贴报纸，包括各种新闻在内，因此篇幅多得惊人，兼具时事资料的汇集，这是他的日记一大特色，可说是空前的。酬酢宴席之中的座客一一列举，偶尔也有我们的名字在内，努生就笑着说："得附骥尾，亦可以不朽矣！"我们匆匆看了几页，胡先生已冲上楼来，他笑容满面的说："你们怎可偷看我的日记？"随后他严肃的告诉我们："我生平不治资产，这一部日记将是我留给我的儿子们唯一的遗赠，当然是要在若干年后才能发表。"

我自偷看了胡先生的日记以后，就常常记挂，不知何年何月这部日记才得面世。胡先生回台定居，我为了洽商重印《胡适文存》到南港去看他。我就问起这么多年日记是否仍在继续写。他说并未间断，只有未能继续使用毛笔，也没有稿纸可用，所以改用洋纸本了，同时内容亦不如从前之详尽，但是每年总有一本，现已积得一箱。胡先生原拟那一箱日记就留在美国，胡太太搬运行李时误把一箱日记也带来台湾。胡先生故后，胡先生的一些朋友曾有一次会谈，对于这一箱日记很感难于处理，听说后来又运到美国，详情我不知道。我现在只希望这一部日记能在妥人照料之中，将来在适当的时候全部影印出来，而没有任何窜改增删。

胡先生在学术方面有很大部分精力用在《水经注》的研究上。在北平时他曾经打开他的书橱，向我展示其中用硬纸夹夹着的稿子，凡数十夹，都是《水经注》研究。他很得意的向我指指点点；这是赵一清的说法，这是全祖望的说法，最后是他自己的说法，说得头头是道。我对《水经注》没有兴趣，更无研究，听了胡先生的话，觉得他真是用功读书肯用思想。我乘间向他提起：“先生青年写《庐山游记》，考证一个和尚的墓碑，写了八千多字，登在《新月》上，还另印成一个小册，引起常燕生先生一篇批评，他说先生近于玩物丧志，如今这样的研究《水经注》，是否值得？”胡先生说：“不然。我是提示一个治学的方法。前人著书立说，我们应该是者是之，非者非之，冤枉者为之辩诬，作伪者为之揭露。我花了这么多力气，如果能为后人指示一个做学问的方法，不算是白费。”胡先生引用佛书上常用的一句话“功不唐捐”，没有功夫是白费的。我私下里想，功夫固然不算白费，但是像胡先生这样一个人，用这么多工夫，做这样的工作，对于预期可能得到的效果。是否成比例，似不无疑问，不止我一个人有这样的想法。一九六〇年十二月二十七日《中央日报》副刊登了一首康华先生的诗，题目是《南港，午夜不能成寐，有怀胡适之先生》，我抄在下面：

你静悄悄地躲在南港，
　不知道这几天是何模样。
莫非还在东找西翻，
　为了那个一百二十岁的和尚？
听说你最近有过去处，
　又在埋头搞那水经注。
为何不踏工新的征途，
　尽走偏僻的老路？
自然这一切却也难怪，
　这是你的兴趣所在。
何况一字一句校勘出来，
　其乐也甚于掘得一堆金块。
并且你也有很多的道理，
　更可举出很多的事例。
总之何足惊奇！

这便是科学的方法和精神所寄。

不过这究竟是个太空时代，

人家已经射了一个司普尼克，

希望你领着我们赶上前来，

在这一方面作几个大胆的假设!

我午夜枕上思前想后。

牵挂着南港的气候。

当心西伯利亚和隔海的寒流，

会向着我们这边渗透!

一九六〇年十二月十九日

这首诗的意思很好，写得也宛转敦厚，尤其是胡适之式的白话诗体，最能打动胡先生的心。他初不知此诗作者为谁，但是他后来想到康是健康的康。华是中华的华，他也就猜中了。他写了这样一封信给此诗作者（后亦刊于中副）：

××兄：

近来才知道老兄有“康华”的笔名，所以我特别写封短信，向你道谢赠诗的厚意。我原想作一首诗答“康华”先生，等诗成了，再写信；可惜我多年不作诗了，至今还没有写成，所以先写信道谢。诗若写成，一定先寄给老兄。

你的诗猜中了！在你作诗的前几天，我“还在东找西翻，为了那个一百二十岁的和尚尸写了一篇《三勘虚云和尚年谱》的笔记，被陈汉光先生在台湾风物上发表了。原意是写给老兄转给“康华”诗人看的，现在只好把印本寄呈了。老兄此诗写得很好，我第一天见了就剪下来粘在日记里，自记云：“康华不知是谁？这诗很明白流畅，很可读。”

我在民国十八年一月曾拟《中国科学社的社歌》，其中第三节的意思颇像大作的第三节。今将剪报一纸寄给老兄，请指正。

敬祝

新年百福。　　弟适上　一九六〇一、四

附：《尝试》集外诗：

拟中国科学社的社歌

我们不崇拜自然，

他是个刁钻古怪。

我们要捶他、煮他.

要使他听我们指派。

我们叫电气推车，

我们叫以太送信，——

把自然的秘密揭开，

好叫他来服侍我们人。

我们唱天行有常，

我们唱致知穷理。

不怕他真理无穷，

进一寸有一寸的欢喜。

胡先生的思想好像到了晚年就停滞不进。考证《虚云和尚年谱》，研究《水经注》，自有其价值，但不是我们所期望于胡先生的领导群众的大事业。于此我有一点解释。一个人在一生中有限的岁月里，能做的事究竟不多。真富有创造性或革命性的大事，除了领导者本身才学经验之外，还有时代环境的影响，交相激荡，乃能触机而发，震烁古今。少数人登高一呼，多数人闻风景从。胡先生领导白话文运动，倡导思想自由，弘扬人权思想，均应作如是观。所以我们对于一个曾居于领导地位的人不可期望过奢。胡先生常说“但开风气不为师”。开风气的事，一生能做几次？

胡先生的人品，比他的才学，更令人钦佩。前总统蒋先生在南港胡墓横题四个大字“德学俱隆”是十分恰当的。

胡先生名满天下，但是他实在并不好名。有一年胡先生和马君武、丁在君、罗努生作桂林之游，所至之处，辄为人包围。胡先生说：“他们是来看猴子！”胡先生说他实在是为名所累。

胡先生的婚姻常是许多人谈论的题目，其实这是他的私事，不干他人。他结婚的经过，在他《四十自述》里已经说得明白。他重视母命，这是伟大的孝道，他重视一个女子的毕生幸福，这是伟大的仁心。幸福的婚姻，条件很多，而且有时候不是外人所能充分理解的。没有人的婚姻是没有瑕疵的，夫妻牉合，相与容忍，这婚姻便可维持于长久。“五四”以来，社会上有很多知名之士，视糟糠如敝屣，而胡先生没有走上这条路。我们敬佩他的为人，至于许许多多琐琐碎碎的捕风捉影之谈，我们不敢轻信。大凡真有才学的人，对于高官厚禄可以无动于衷，而对于后起才俊则无不奖爱有加。梁任公先生如此，胡先生亦如此。他住在米粮库的那段期间，每逢星期日“家庭开放”，来者不拒，经常是高朋满座，包括许多慕名而来的后生。这表示他不仅好客，而且于旧雨今雨之外还隐隐然要接纳一般后起之秀。有人喜欢写长篇大论的信给他，向他请益，果有一长可取，他必认真作答，所以现在有很多人藏有他的书札。他借频繁的通信认识了一些年轻人。

大约二十年前左右，由台湾到美国去留学进修是相当困难的事，至少在签证的时候两千美元存款的保证就很难筹措。胡先生有一笔款，前后贷给一些青年助其出国，言明希望日后归还，以便继续供应他人。有人问他为什么要这样做，他说：“这是获利最多的一种投资。你想，以有限的一点点的钱，帮个小忙，把一位有前途的青年送到国外进修，一旦所学有成，其贡献无法计量，岂不是最划得来的投资？”他这样做，没有一点私心。我且举一例。师范大学有一位理工方面的助教，学业成绩异常优秀，得到了美国某大学的全额奖学金，就是欠缺签证保证，无法成行。理学院长陈可忠先生、校长刘白如先生对我谈起，我就建议由我们三个联名求助于胡先生。就凭我们这一封信，胡先生慨然允诺，他回信说：

可忠 白如 实秋 三兄：

示悉。×××君事，理应帮忙，今寄上 Cashier’s check 一张，可交×××君保存。签证时此款即可生效。将来他到了学校，可将此款由当地银行取出，存入他自己名下，便中用他自己的支票寄还我。

匆匆敬祝

大安 弟适之 一九五五、六、十五

像这样近于仗义疏财的事他做了多少次，我不知道。我相信，受过他这样提携的人会永久感念他的恩德。

胡先生喜欢谈谈政治，但是无意仕进。他最多不过提倡人权，为困苦的平民抱不平。他讲人权的时候，许多人还讥笑他，说他是十八世纪的思想，说他讲的是崇拜天赋人权的陈腐思想。人权的想法是和各种形式的独裁政治格格不入的。在这一点上，胡先生的思想没有落伍，依然是站在时代的前端。他不反对学者从政，他认为好人不出来从政，政治如何能够清明？所以他的一些朋友走入政界，他还鼓励他们，只是他自己不肯踏上仕途。行宪开始之前，蒋先生推荐他做第一任的总统，他都不肯做。他自己知道他不是做政治家的材料。我记得有些人士想推他领导一个政治运动，他谦逊不遑的说：“我不能做实际政治活动。我告诉你，我从小是生长于妇人之手。”这句话是什么意思？生长于妇人之手，是否暗示养成“妇人之仁”的态度？是否指自己胆小，不够心狠手辣？当时看他说话的态度十分严肃，大家没好追问下去。

抗战军兴，国家民族到了最后关头。他奉派为驻美大使。他接受了这个使命。政府有知人之明，他有临危受命的勇气。没有人比他更适合于这个工作，而在他是不得已而为之。数年任内，仆仆风尘，作了几百次讲演，心力交瘁。大使有一笔特支费。是不需报销的。胡先生从未动用过一文，原封缴还国库。他说："旅行演讲有出差交通费可领，站在台上说话不需要钱，特支何为？"像他这样廉价，并不多觏，以我所知，罗文干先生作外交部长便是一个不要特支费的官员。此种事鲜为外人所知，即使有人传述，亦很少有人表示充分的敬意，太可怪了。

我认识胡先生很晚，亲炙之日不多，顶多不过十年，而且交往不密，连师友之间的关系都说不上，所以我没有资格传述先生盛德于万一。不过在我的生活回忆之中也有几件有关系的事值得一提。

一桩事是关于莎士比亚的翻译。我从未想过翻译莎士比亚，觉得那是非常艰巨的事，应该让有能力的人去做。我在清华读书的时候，读过《哈姆雷特》、《朱利阿斯·西撒》等几个戏，巢堃林教授教我们读魁勒·考赤的《莎士比亚历史剧本事》，在美国读书的时候上过哈佛的吉退之教授的课，他教我们读了《马克白》与《亨利四世上篇》，同时看过几部莎氏剧的上演。我对莎士比亚的认识仅此而已。翻译四十本莎氏全集是想都不敢想的事。民国十九年底，胡先生开始任事于中华教育文化基金董事会（即美国庚款委员会）的翻译委员会，他一向热心于翻译事业，现在有了基金会支持，他就想规模的进行。约五年之内出版了不少作品，包括关琪桐先生译的好几本哲学书，如培根的《新工具》等，罗念先生译的希腊戏剧数种，张谷若先生译的哈代小说数种，陈绵先生译的法国戏剧数种，还有我译的莎士比亚数种。如果不是日寇发动侵略，这个有计划而且认真的翻译工作会顺利展开，可惜抗战一起这个工作暂时由张子高先生负责了一个简略时期之后便停止了。

胡先生领导莎士比亚翻译工作的经过，我毋庸细说，我在这里公开胡先生的几封信，可以窥见胡先生当初如何热心发动这个工作。原拟五个人担任翻译，闻一多、徐志摩、叶公超、陈西滢和我，期以五年十年完成，经费暂定为五万元。我立刻就动手翻译，拟一年交稿两部。没想到另外四位始终没有动手，于是这工作就落在我一个人头上了。在抗战开始时我完成了八部，四部悲剧四部喜剧，抗战期间又完成了一部历史剧，以后拖拖拉拉三十年终于全集译成。胡先生不是不关心我的翻译，他曾说在全集译成之时他要举行一个盛大酒会，可惜全集译成开了酒会之时他已逝世了。有一次他从台北乘飞机到美国去开会，临行前他准备带几本书在飞行中阅读。那时候我译的《亨利四世下篇》刚好由明华书局出版不久，他就选了这本书作为他的空中读物的一部分。他说：“我要看看你的译本能不能令我一口气读下去。”胡先生是最讲究文字清楚明白的，我的译文是否够清楚明白，我不敢说，因为莎士比亚的文字有时候也够艰涩的。以后我没得机会就这件事向胡先生请教。

领导我、鼓励我、支持我，使我能于断断续续三十年间完成莎士比亚全集的翻译者，有三个人：胡先生、我的父亲、我的妻子。

另一桩事是胡先生于民国二十三年约我到北京大学去担任研究教授兼外文系主任。北大除了教授名义之外，还有所谓名誉教授与研究教授的名义，名誉教授是对某些资深教授的礼遇，固无论矣，所谓研究教授则是胡先生的创意，他想借基金会资助吸收一些比较年轻的人到北大，作为生力军，新血轮，待遇比一般教授高出四分之一，授课时数亦相当减少。原有的教授之中也有一些被聘为研究教授的。我在青岛教书，已有四年，原无意他往，青岛山明水秀，民风淳朴，是最宜于长久居住的地方。承胡先生不弃，邀我去北大，同时我的父母也不愿我久在外地，希望我回北平住在一起。离青岛去北平，弃小家庭就大家庭，在我是一个很重大的决定，然而我毕竟去了。只是胡先生对我的期望过高，短期间内能否不负所望实在没有把握。我现在披露胡先生的几封信札，我的用意在说明胡先生主北大文学院时的一番抱负。胡先生的做法不是没有受到讥诮，我记得那一年共阅入学试卷的时候，就有一位年龄与我相若的先生故意的当众高声说：“我这个教授是既不名誉亦不研究！”大有愤愤不平之意。

胡先生，和其他的伟大人物一样，平易近人。“温而厉”是最好的形容。我从未见过他大发雷霆或是盛气凌人。他对待年轻人、属下、仆人，永远是一副笑容可掬的样子。就是遭遇到挫折侮辱的时候他也不失其常。“其心休休然，其如有容。”

一九六〇年七月美国华盛顿大学得福德基金会之资助在西雅图召开中美学术合作会议，中国方面出席的人除胡先生外还有钱思亮、毛子水、徐道邻、李先闻、彭明敏和我以及其他几个人。最后一次集会之后，胡先生私下里掏出一张影印的信件给我看。信是英文（中国式的英文）写的，由七八个人署名，包括立法委员、大学教授、专科校长，是写给华盛顿大学校长欧第嘉德的，内容大致说胡适等人非经学术团体推选，亦未经合法委派，不足以代表我国，而且胡适思想与我国传统文化大相刺谬，更不足以言我国文化云云。我问胡先生如何应付，他说“给你看看，不要理他。”我觉得最有讽刺性的一件事是，胡先生在台北起行前之预备会中，经公推发表一篇开幕演讲词，胡先生谦逊不遑，他说不知说什么好，请大家提供意见，大家默然。我当时想起胡先生平夙常说他自己不知是专攻哪一门，勉强地说可以算是研究历史的。于是我就建议胡先生就中国文化传统作一概述，再阐说其未来。胡先生居然首肯。在正式会议上发表一篇极为精彩的演说。原文是英文，但是一九六〇年七月二十一日在《中央日报》有中文翻译，连载三天。题目就是《中国之传统与将来》。译文是胡先生的手笔，抑是由别人翻译，我不知道。此文在教育资料馆《教育文摘》第五卷第七八号《东西文化交流》专辑又转载过一次。恐怕看过的人未必很多。此文也可以说是胡先生晚年自撰全部思想的一篇概述。他对中国文化传统有客观的叙述，对中国文化之未来有乐观的展望。无论如何，不能说胡先生是中国传统的叛徒。

在上海的时候，胡先生编了一本《宋人评话》，亚东出版，好像是六种，其中一种述说海陵王荒淫无道，当然涉及猥亵的描写，不知怎样的就被巡捕房没收了。胡先生很不服气，认为评话是我国小说史中很重要的一环，历代重要典藏均有著录。而且文学作品涉及性的叙说也是寻常事，中外皆然，不足为病。因而他去请教律师郑天锡先生，郑先生说："没收是不合法的，如果刊行此书犯法，先要追究犯法的人，处以应得之罪，然后才能没收书刊，没收是附带的处分。不过你若是控告巡捕房，恐怕是不得直的。"于是胡先生也就没有抗辩。

有一天我们在胡先生家里聚餐，徐志摩像一阵旋风似的冲了进来，抱着一本精装的厚厚的大书。是德文的色情书，图文并茂。大家争着看，胡先生说："这种东西，包括改七芗仇十洲的画在内，都一览无遗，不够趣味。我看过一张画，不记得是谁的手笔，一张床，垂下了芙蓉帐，地上一双男鞋，一双红绣鞋，床前一只猫蹲着抬头看帐钩。还算有一点含蓄。"大家听了为之粲然。我提起这桩小事，说明胡先生尽管是圣人，也有他的轻松活泼的一面。

关于庐隐的回忆

苏雪林

本年五月十六日，袁昌英女士在电话里用感伤的音调报告我说庐隐死了。问她消息从何得来，则说得自《武汉日报》专电。死的原因是产难，详细情形她也不能知道。我当时虽很为惊讶，但还不相信，因为数年前也曾一度谣传冰心女士产难亡故，害得我的侄女大掉其泪；后来才知冰心虽然添了一个麟儿，自己依然健在，我们才把心放下。也许女人与生产原不能脱离关系，所以人们谣传女作家的死，也喜欢用产难这类题目吧。不过谣言自谣言，事实自事实，庐隐的死究竟在几天以后确实证明了。这几年以来，新文学作家得了不幸遭遇的很有几个：以我所认识的而论，则徐志摩死于飞机，朱湘死于江；闻名而尚未见面者而论，则丁玲失踪，梁遇春，彭家煌病死。现在谁想到生龙活虎般的庐隐也舍弃我们而去呢？我与庐隐曾同事半年，同学二年，虽然没有何等亲切的友谊，却很爱重她的为人。所以现在除了分担文学界一份公共损失之外，私人情感上，我的凄凉惋惜的情绪，也不是一时所能消释的。

我与庐隐的认识远在民国六七年间。那时候我正在母校服务，同事舒畹荪女士（即《海滨故人》中之兰馨）被委为安庆实验小学校长，约我去她校教一两点钟的功课。她有一天介绍一个姓黄名英的体操教员与我相见，说是北京女子师范的旧同学，这就是后来蜚声文坛的庐隐女士了。庐隐第一次给我的印象，似乎不怎样动人，身材短小，脸孔瘦而且黄，而且身在客中，常有抑郁无欢之色，与我们谈话时态度也很拘束。我们钟点不同，同事半年，相见不过两三次，所以我们并不如何亲热。

民国八年秋季，我升学北京女子高等师范，庐隐与我同为错过考期的旁听生，不过经过学期考试以后，我们便都升为正班生了。庐隐到了北京以后好像换了一个人，走路时跳跳蹦蹦，永远带着孩子的高兴。谈笑时气高声朗，隔了几间房子还可以听见。进出时身边总围绕着一群福建同乡，咭咭呱呱，讲着我所听不懂的福建话。她对于同学常喜戏谑狎侮，于我们古书读得略多的人，更视为冬烘先生，不愿亲近。她同舒畹荪一样，说话时总要夹几句骂人的话，然而挨她骂的人，不唯不生她的气，反而更觉得她有趣，这就是庐隐的魔力。

五四运动后，与社会关系最密切的男学校以北京大学为代表，女学校以女高师为代表。庐隐“务外”的天性，这时候好像得了正当的发展，每日看见她忙出忙进，不是预备什么会的章程，便是什么演讲的草稿，坐下来静静用功的时候很少。我平生最瞧不起锋芒外露或浮而不实的人，对于庐隐却并不讨厌，而且有一种发乎衷心的欢喜。一则人的天性总是爱慕与自己相反的性格，我自己口才涩讷，便爱人家词锋的锐利，自己举动僵滞，见了豪放洒脱的人物，便愈觉其不可及。庐隐虽然不大爱用功，而天资聪敏，功课成绩总列在优等。每遇作文时，国文教师发下题目，别人咿唔苦吟，或终日不能成一字，庐稳坐椅子上，低着头，侧着肩，飕飕飕笔不停挥，顷刻一篇脱稿。她的笔记从不誊录第二遍，反比我们的齐整完全。她又写得一笔颜体大字，虽然无甚功夫，却也劲拔可爱。她爱演说，每次登台侃侃而谈，旁若无人，本来说得一口极其漂亮流利的京话，加之口才敏捷，若有开会的事，她十次有九次被公推为主席或代表。二则庐隐外表虽然飞扬跋扈，不可一世，甚或骄傲得难以教人亲近，其实是一个胸无城府，光明磊落的人，所以她虽然有许多行动不检点处，却始终能得朋友们原谅与爱护。

她在同班中结识了三个人号为“四公子”。一个是王世瑛，一个是陈定秀，一个是程俊英。她的《海滨故人》露沙系自指，云青，玲玉，宗莹，似乎是分指她们三人。我当时曾有“戏赠本级诸同学”长歌一首，将同级三十余人，中国文学成绩较为优异的十余人写入，说到她们四人时有这样几句话：

子昂翩翩号才子，目光点漆容颜美，圆如明珠走玉盘，清似芙蓉出秋水。（陈定秀）亚洲侠少气更雄，巨刃直欲摩苍穹。夜雨春雷茁新笋，霜天秋准搏长风。（黄英君自号亚洲侠少）横渠（张雪聪）肃静伊川少，（程俊英）晦庵（朱学静）从容阳明峭，(王世瑛) 闽水湘烟聚一堂，怪底文章尽清妙。

这首诗既是游戏之作，所以每人的好处都加了百倍的渲染，百倍的夸张。“夜雨”“霜天”两句形容庐隐文章也觉溢美，不过她那一股纵横挥斥，一往无前的才气，如何使我倾心，也可以想见了。

我们进女高师的时候，正当五四运动发生的那一年。时势所趋，我们都抛开了之乎也者，做起白话文章。庐隐与新文学发生关系比较我早。她先在《京报副刊》投稿，后来上海《小说月报》也有她的文字。“庐隐”的笔名便在这时候采用的。她做小说也像窗课一般从不起草，一枝自来水笔在纸上飕飕写去，两小时内可以写两三千字。但她的小说虽然气机流畅，笔致爽利，而结构不甚曲折，意境也不甚深沉。我论文本有眼高手低之病，读过她的小说，口里虽不能说什么，心里总有些不大满意。记得她第一篇小说“一个著作家”写好后，她的朋友郭梦良邀集一班爱好文艺的朋友在中央公园来今雨轩开讨论的茶会。我也在被邀之列。我看过稿子后默默不作一语。郭君征求我的意见，我只好说“游夏不能赞一辞！”座中王品青忍不住一笑，庐隐怫然变色，好像受了什么打击似的。现在我回忆当时情景，还很懊悔，觉得不应当拿这句轻薄话，伤了她的自尊心。

十年春我和易家钺、罗敦伟诸君打了一场很无聊的笔墨官司。罗易原与郭梦良君相厚，庐隐也就左袒着他们，与我颇生了些意见，从此在班上不大说话。那年的秋天我跑到国外去，庐隐的大文虽然常在报纸杂志露面，我已不大有机缘拜读。回国以后，听说庐隐小说已出了好几本单行集，接着又听说她爱人郭梦良已病死，她带着一个女孩子到处漂流，身世很是悲惨。后来又读到她编辑的《华严半月刊》，和小说集《归雁》等，我才知道从前意气凌云的庐隐，于今正在感伤颓废的道路上徘徊。读到她那些饮酒抽烟，高歌痛哭的记述，我心里也很不好过。想写封信去安慰她一下，只为了不知她确实通信地址没有实行。前几年听见她和李唯建先生恋爱，同渡扶桑，不久有结婚之说。又听说李君比她年轻，一时“庐隐的小情人”传为佳话。民国十九年我到安庆安徽大学教书，会见舒畹荪女士和吴婉贞女士（《海滨故人》中之朱心悟）谈到庐隐近况。二人异口同声地批评她太浪漫，并说她从前与使君有妇的郭君结婚已是大错特错；现在又与年龄相差甚远的李君恋爱，更不应该了。我也知道她二人的批评是善意的，便是我也觉得庐隐的这种行为太出奇了。不过我当时竟替她着实辩护了一场。怪她们不应当拿平凡的尺，衡量一个不平凡的文学家。十年前庐隐给我的一点吸引力，好像这时候还没有消失呢。

二十一年暑假返上海，友人周莲溪告诉我庐隐已与李君结婚，现与中华书局总编辑舒新城夫妇同住英租界愚园路某寓。我听这话不胜快乐，便与周君同去拜访。记得庐隐那一天穿一件淡绿色撒花印度绸旗袍，淡黄色高跟皮鞋，脸庞虽比十年前消瘦，还不如我想像中的老苍，只觉得气质比从前沉潜了些，谈吐也不如从前的爽快罢了。李唯建先生那天也见着了。一个口角常含微笑的忠厚青年，庐隐饱经忧患的寂寞心灵，是应当有这样个人给她以温柔安慰的。我听得他们曾发表一本《云鸥情书集》，想讨取做纪念。庐隐随手取了一本签了几个字赠送给我。那天我们在她们家吃了午饭。我们谈了十年来别后一切；谈到现代文坛的种种问题；又谈到政治上见解，庐隐对于某种正为青年所欢迎，认为中国唯一出路的政治主张似乎不大赞成。我问她自己有什么主张，她却又默然了。她那时正写一本淞沪血战故事，布满蝇头细字的原稿，一张张摆在写字台上，为了匆忙未及细阅。后在武汉大学，遇见她夫兄李唯果先生谈到这本书，说拟译为英文表扬中国民族的光荣，但不知为什么缘故，至今尚未见出版。我辞别她夫妇回家时忘记携带《云鸥情书集》，写信去讨，杳无复音，大约是我将他们门牌号数写错的缘故。假满赴鄂，接到她一封信，要我替中华书局中学教科书撰一篇《云》的教材。我既懒于做文章，也就懒于复她的信，本来打算今年暑假返沪时，再去拜访他们夫妇，作整日之谈，谁知她已辞别这污浊人寰，还归清净了。说起来我真抱憾无穷呵！